国家出版基金项目
NATIONAL PUBLICATION FOUNDATION

中国人的美德

ZHONGGUORENDEMEIDE

经历数千年传承、融汇时代精神的美德，是中国人思想道德的灵魂，是构筑中国人时代精神的血脉，更是中华民族伟大复兴的根基。

焦国成 ◎ 主编
金香花 ◎ 编著

天津出版传媒集团
天津人民出版社

图书在版编目(CIP)数据

勇 / 金香花编著. -- 天津：天津人民出版社，
2013.7
（中国人的美德 / 焦国成主编）
ISBN 978-7-201-08283-7

Ⅰ.①勇… Ⅱ.①金… Ⅲ.①品德教育–中国–青年
读物②品德教育–中国–少年读物 Ⅳ.①D432.62

中国版本图书馆 CIP 数据核字(2013)第 171794 号

天津人民出版社出版
出版人：黄　沛
（天津市西康路 35 号　邮政编码：300051）
邮购部电话：（022）23332469
网址：http://www.tjrmcbs.com
电子信箱：tjrmcbs@126.com
三河市同力印刷装订厂印刷

2013 年 7 月第 1 版　2013 年 7 月第 1 次印刷
787×1092 毫米　16 开本　10 印张　1 插页
字数：100 千字
定　价：29.80 元

「前言」

"美德"是什么？在有些人看来，就是埋头傻干而不计报酬多少，与人交往而甘愿事事吃亏，不考虑个人得失而时时奉献，因此，"美德"不过是忽悠傻瓜的招数，"高尚"无非是中招儿的蠢人才会去追求的做人境界。在这些"智者"的眼里，只有名利权位、声色犬马才是值得去追求的，而"美德"则不值一文。这种想法让我们想到了丛林中的狐狸和狼。那些"智者"的智慧，也不过是丛林之中狐狸和狼的智慧。对狐狸和狼来说，甚至对只图利益的小人来说，美德确实什么都不是。但是我们到底是要把市场经济下的社会建设成一个美好的人类世界，还是要把它变成一个绿色丛林？丛林之中，没有谁永远都是强者，即使老虎、狮子也不例外。当那些信奉丛林规则的"智者"成为"更智者"爪下的一块肉时，他的智慧又在哪里？

孟子说："得道者多助，失道者寡助。寡助之至，亲戚畔之；多助之至，天下顺之。"(《孟子·公孙丑下》)利己主义者的智慧是一种小

1

聪明，虽然可以暂时得利，但这种利总是有"害"相跟随。因为占了别人的便宜，固然可以一时得意，但当被千夫所指的时候，他的得意也就不在了。前乐而后苦、开始得意而日后途穷的智慧，无论如何也不能说是一种高妙的智慧。真正的赢家应该是淡泊名利、以德服人的人。

在有美德的人看来，有损美德的利益不是一种利，反而是一种害。正如孔子所说："不义而富且贵，于我如浮云。"（《论语·述而》）避开了不符合道义的利益，同时也就避开了它可能导致的害。俗语也说："为人不做亏心事，半夜敲门心不惊。"具有美德的人，善于约束自己，仰不愧于天，俯不怍于人，心里坦坦荡荡，安宁舒畅。能使自己愉悦幸福一生的，莫过于美德。代代相传的"富润屋，德润身"箴言，是以往高贤大德的切身体验，绝非忽悠人的虚言。

有美德的人讲仁讲义，乐于助人，乐于成人之美，这有助于消融人与人之间的冷漠和对立，增进人与人之间的和谐与合作。团结就是力量，合作强于孤军作战。人之所以能够胜过万物，就在于人与人之间能够合作。

美德是立于不败之地的精神力量。有美德的人，是在爱人中爱己，在利人中利己，在使众人快乐中获得自己的快乐。因为他行事以德，故服人不靠威势武力；因为他爱人利人，故能把自己与大众连为一体。因此，孟子才说"仁者无敌"。

美德是可以惠及整个社会和子孙万代的精神财富。孔子曾经提出过"惠而不费"的君子智慧。在他看来，"因民所利而利之"的德政是惠而不费的。如果我们能把孔子的思想发挥一下，使美德真正成为每一个人的操守，社会将变得更加美好。做父母的有慈的美德，天下的儿童就都幸福了；做子女的有孝的美德，天下的老人就都幸福了。同样，每个社会位置上的人都有美德，天下就会是一个大道流行、人人幸福的世界。这就是真正的"惠而不费"。

新中国成立已有六十余年，改革开放已经三十余年，我国的社会主义建设取得了令世界瞩目和赞叹的成就，中国人民过上了小康的幸福生活。然而中国社会的道德风气却不尽如人意：急功近利的追求、冷漠的处世态度、庸俗的休闲生活，已经成为许多人的生活写照。腐败现象屡禁不止，法纪的权威性受到挑战，潜规则大行其道，假冒伪劣层出不穷，这已经是伴随市场经济的发展而出现的司空见惯的社会现象。道德的沙漠化现象开始初露端倪。因此，道德文明的建设已经显得比任何时候都更加迫切。

历经数千年传承、融汇时代精神的美德，是中国人思想道德的灵魂,是构筑中国人时代精神的血脉,更是中华民族伟大复兴的根基。

为了弘扬美德,我们组编了《中国人的美德》丛书。丛书针对市场上缺少入情、入理、入心的道德教育读物的现状,专门为广大未成年人精心打造。要改善社会的道德风气,提高社会的道德水平,就要有好的读物。本丛书力求适应这一社会需求,将中华民族的传统美德、优秀的革命道德和时代精神完美融合,将传统精神和时代精神、文化继承和文化创新有机结合起来,力求凸显社会主义道德的中国特色和民族道德传统的历史延续性;在保证其通俗性、可读性的同时,力求有一定的创新性。如果此套丛书能够激发起广大未成年人对中国人的美德的兴趣和向往,我们将感到无上的荣幸和欣慰!

焦国成

2013 年 6 月于北京

Mulu /目录/

第一辑

解析篇

JIEXIPIAN

勇

　　道德实践是一件需要勇气的事情。在不道德现象面前，我们经常能看到"沉默的大多数"、忍气吞声的旁观者。你为什么不义愤？为什么不敢站出来？在困难面前，我们也常常看到自我逃避、自暴自弃的懦弱行为。你为什么不能坦然面对挑战？为什么不能总结错误反败为胜呢？这些都是当为却不敢为，是缺乏勇气的表现。人们一般说起勇就想到勇力或尚武之勇。实际上，勇的内涵非常深广，它是践行道德、成就自我、追求至善的关键品格，常常作为精神力量来激发和维持我们的行为，我们甚至可以说勇德保证了人的其余德性的实现。

"勇"的字形字义与内涵

　　汉字是表意的文字。我们的祖先造字时,用单个字代表了一个词,因此根据字形结构,就能判断字义、词义。理解"勇"的内涵就要从字形字义说起。

字形与字义

　　"勇"本作勈,或作恿。形声。从力,甬声。其文字最早见于商代早期的金文。金文勇字写做 ,即甬(甬)加力。力即力,形象地表示强壮有力的手臂,代表在人类生存斗争中起关键作用的健壮有力的男子。我们最早的祖先或与野兽搏斗,或于田间劳作,都强调力量的展现。可见,早期社会对人的体魄和"力"的价值分外崇拜,进而以"勇敢"为美德,这即是"勇"的字义的缘起。此意在古代典籍中俯拾皆是。我国第一部按部首编排的字典《说文解字》中认为:"勇,气也。从力甬声。"《诗经·小雅·巧言》曰"无拳无勇",把拳与勇相提并论。我国最早的一部百科辞典《广雅》把"悍"释为"勇"。

　　春秋与战国时期通行于秦国的籀文把勇写做恿(恿),即用"心"(心)代替"力"(力),勇从心。"勇"字的这一演变暗示着"勇"绝非仅仅是生理的力量,更不是蛮力的滥用,作为一种力量,它主要来自心智层面的要求,跟"心"密切相关,指果断、勇敢、胆大无惧。篆文勈将金文的上下结构调整成了左右结构。篆书异体字勇是

金文

籀文

篆文

3

戋（戈，兵器）与用（用）的组合，喻指敢于作战的勇士。通过字形的演变来看，"勇"用来指体力强壮、敢于作战、敢作敢为、坚强无畏等精神力量和行为能力。现代《辞海》把"勇"解释为"勇敢"，指不畏避，不推诿，敢作敢为。

"勇"的内涵

在全部的美德中，"勇"是最强大、最慷慨、最自豪的品格，为人类所共同推崇。在古希腊"勇"是"智慧、勇敢、节制、正义"等"四主德"之一，在中国古代，"勇"则被视为"智、仁、勇""三达德"之一。

自孔子把"勇"作为"三达德"之一提出来之后，中国古代不同时期的思想家们对"勇"德进行了不同的解释。孟子把勇分为义理之"大勇"和匹夫之"小勇"。庄子把勇分为"渔父之勇""猎夫之勇""烈士之勇"和"圣人之勇"，推崇"知穷之有命，知通之有时，临大难而不惧"的"圣人之勇"。荀子把"勇"分为四个层次："狗彘之勇""贾盗之勇""小人之勇"和"重死、持义而不挠"的士君子之勇；他还根据行为是否符合社会的法令制度来区分为"上勇""中勇""下勇"等三个类别，推崇士君子之"上勇"。孙子把"勇"看作是将帅"五德"之一，"将者，智、信、仁、勇、严也"。（《孙子兵法》）。不论是孔子还是他的继承者们，都对"勇"作了辩证的分析，把作为美德的"勇"与鲁莽蛮干、见利忘义、恃强凌弱的"匹夫之勇"明确地进行了区分，共同推崇发乎仁，适乎礼，止乎义的"士君子之勇"。总结起来，思想家们肯定的"勇"的内涵一般包括以下几个方面：

首先，"勇"是指不畏强御、舍身而搏、死不旋踵的尚武的勇敢，善战是其最早的内涵。它不仅表现在人们直接征服自然的斗争中，而且表现在正义的战争中。我们熟悉的《义勇军进行曲》中"把我们的血肉筑成我们新的长城"所表现的首先就是不怕牺牲的勇气。

其次，"勇"必须发于仁，适于礼，合于义。"勇"作为一种美德，不是个人盲目的冲动和狂热，而是在一定的道德目的引导下的合乎规范的果敢和无畏。第一，即使"当仁不让于师"（《论语·卫灵公》），主张紧急关头要敢于冲破繁文缛节和各种权威的束缚，但也是以维护道义、致达仁爱为目的的。第二，"礼"在古代是指典章制度与行为规范，即法度。一味谨慎就变得什么都不敢做，但勇而不知度，就会产生祸乱。"勇而无礼则乱"（《论语·泰伯》）。第三，见到该做的事情不做，那么即使你能力敌万夫，也无勇可言。"见义不为，无勇也"（《论语·为政》）。由此也可以分辨君子与小人不同的价值取向："君子有勇而无义为乱，小人有勇而无义为盗。"（《论语·阳货》）

再次，"勇"是由理性判断所决定的智勇。勇并不是不用智谋，单凭个人勇气行事的匹夫之勇，"好勇不好学，其弊也乱"（《论语·阳货》）。孔子多次将智勇二德特别提出来，对智勇的重视超越了勇武。孟子的君子之"大勇"与庄子的"士君子之勇"也都包含了进行深思熟虑和是非判断，冷静克制自我欲望的智勇。

最后，勇是刚毅，坚毅。顽强的毅力可以披荆斩棘，风雨无阻，征服世界上任何一座高峰。真正的勇敢既包括忍受肉体痛苦折磨的耐力，也包括忍受艰难屈辱去完成一件伟大事业式的坚忍，还包括控制过分燃烧的欲望和情感的刚毅。

综上，我们可以把"勇"的内涵概括为，在某种信念的驱动下，为了实现一定的道德目的而不怕困难和牺牲的理性精神和行为，是对人的行为和品质的一种肯定性评价的道德范畴，一言以蔽之，即"当为之勇"。

勇德的一般规范

要对勇德有深入的了解，就必须把握勇德的一般规范。一个真正的"勇者"应该有以下几个方面的素质。

知耻近勇

知耻近勇与改过是一种值得推崇、夸耀的品质。作为一种积极的道德情感，它以否定性方式把握善，正视过失，从而勇于改错。《中庸》曰："知耻近乎勇。"意思是说"耻"与"勇"之间有一种互动关系，"知耻"故能"近勇"，"近勇"故能"行荣"。知耻是人自身道德完善的起点，知耻才能立身，克服缺点，修正错误，以此鞭策自己。

马克思说："耻辱就是一种内向的愤怒。……耻辱本身已经是一种革命。"(《马克思恩格斯全集》第1卷)一个人因具有耻辱之情，才会产生高尚生活的愿望，才能成大事。一个人对于他的行为感到羞耻，虽然对他而言是一种痛苦，但比起那些从未有过高尚生活意愿的人，他有不断完善自我的强大的内心动力，一个强大的人往往崛起于这一耻辱感。不懂得羞耻的人是根本谈不上勇敢的，也不会产生积极进取、努力向上或不甘落后的心理意识与行为。

战国时，有一位赫赫有名的政治家叫苏秦。当时还没有科举取士，一般知识分子出来做事都靠游说。年轻时，苏秦由于学问不深，曾变卖家产到好多地方游说诸侯，都未被采纳和起用。回

到家，他的哥哥、嫂子、妻子都讥笑他不务正业，只会搬弄口舌。苏秦深感惭愧，重新发愤读书研究谋略。他读书读到深夜也不休息，困了就用锥子扎自己的大腿，我们常常用"头悬梁，锥刺股"来形容刻苦读书，"锥刺股"说的就是苏秦。刻苦读书一年多，苏秦的知识丰富了很多。后来，他以"合纵"的学说成功游说六国，六国诸侯订立了"合纵"的联盟，苏秦也挂上了六国的相印。

可见，人知道了耻辱才能决然而起，奋力前行。而试图遮掩错误，逃避现实，采取不正当的方法保全面子，反倒会带来更大的耻辱和痛苦。孔子说："过则勿惮改。"（《论语·学而》）有过错，不要怕改正，要有勇气。"人谁无过，过而能改，善莫大焉！"（《左传·宣公二年》）人一旦知道了自身的耻辱所在，就会唤起洗刷耻辱、捍卫尊严的勇气，激发出改造自我与社会的巨大力量，从而战胜脆弱，为自我、群体乃至国家、民族赢得荣誉。而如果没有耻感，那么人性和道德中最起码的准则会被践踏，就会作出一些毫无廉耻的行为。有雪"耻"之心，以"耻"自醒，才能焕发出催人奋进的巨大活力。

敢作敢当

"勇"不仅是知耻的品格，更是一种敢作敢当的负责任精神。敢作敢当就是敢于承担自己的分内之事，对自己所做的事情有敢于承担后果的勇气。是直面矛盾、正视困难，积极解决问题？是逃避矛盾，绕道走？还是害怕负责，怨天尤人，逃避责任，嫁祸他人？责任和担当就体现在对这些"选择题"的解答中。

　　勇者主动承担责任，对待自己时"不降其志，不辱其身"（《论语·微子》）。人非圣贤，孰能无过，只要积极悔过，敢于承担，就能放开手脚，奋发有为；人有担当，才能挑起重担，大展宏图。如谭嗣同变法失败后从容就义，以血警醒国人。责任担当缺失的主要表现是缺少对现实情况的了解，缺乏对复杂局面的正确判断，作不出决断；或是不愿负责，没有担当的勇气；得罪人的事不干，讨人嫌的话不说，只要不出事，宁愿不做事，这些都是没有担当精神的表现。

　　为什么有些人不敢负责，软弱、害怕、躲避、退缩？说到底恐怕还是因为个人得失之心太重，患得患失，顾虑重重。忧虑的不是不辱使命，而是个人名利；顾虑的不是事业进展，而是个人得失。而有责任、敢担当，才能做好事情、做出成绩，也才能得到尊重、有所发展。道德勇气必定与责任有关。道德是群体生活的准则，在群体生活中个人不但要考虑自己的利益，还要考虑他人的利益，维护他人的存在。没有对他人的责任，自己的存在就会成问题。现代人崇尚的自由与权利实际与敢作敢当有密切的关系。逃避责任永远不可能获得自由。自由的追寻本身让个人感到自己是有责任的。因为实现自由目标和原则不是使个人与别人分开，而是使个人与别人联结在一起。责任和权利是并行的，你能承担多大的责任，你就会拥有多大的权利。人生必须面对一些你不愿意面对的人或事，不少人选择逃避，因为面对就意味着你要承担责任。如果一个人连承担责任的勇气都没有，肯定不会有太大的作为。

见义勇为

俗话说："路见不平，拔刀相助。"自古以来，见义勇为就是儒家高度赞赏的行为规范。它指在意外灾祸和危难关头挺身而出，不惜牺牲自己生命的品格。孔子说："见义不为，无勇也。"(《论语·为政》)《二程集》中也记载："勇一也，而用不同，有勇于气者，有勇于义者。君子勇于义，小人勇于气。"无义之勇没有意义，见义勇为才值得颂扬。见义勇为显正气。为了实现正义，对方即使有千军万马，也会勇往直前，大义凛然，无所畏惧。荀子说："重死，持义而不挠，是君子之勇也。"(《荀子·荣辱》)苏轼也说："见义勇发，不计祸福。"(《陈公弼传》)勇者无意于获得长久，也不想免却一死，而所有这些乃是出于对生命价值的热爱。他有强有力的心灵和健壮的体魄，摈弃怯懦，乐意超越自己的生命，这是对生命的自我欣赏。真正纯粹的勇敢行为并不是为了见义勇为获得荣誉和奖励，只是为了勇敢而勇敢地去做。同样，人们追求高尚正义也是自己对自己的要求，自身就是自足的，并不依靠外在事物的比较。

没有这种正气，社会就没有了同坏人坏事做斗争、邪不压正的氛围。符合正义，也是区分勇敢与蛮横的根本界限。"勇"不是野蛮、暴力、搅乱。大的勇是天地正气之当为勇，不是冒天下之大不韪的野蛮之勇、以身试法的亡命之勇。孟子曾经说，一个人手握利剑，瞪大眼睛，高声吼道："谁敢抵挡我！"这是匹夫之勇，是只能对付一人的小勇。而当国家面临强敌和霸权时，像周文王敢于一怒而率众奋起抵抗，救民于水火之中，这才是大勇，所谓"文王一怒而安天下之

民"，是敢于瞥见深渊的高傲的情怀。

勇于开拓

　　人凭借着勇气发展壮大人生经历，实现着日新月异的变化。瞥见深渊但始终怀揣着高傲的情怀，知道恐惧但又征服恐惧的人是有魄力的开拓者。

　　勇于开拓是人们根据确定的目标灵活地、创造性地运用知识与信息突破阻碍，形成某种具有独到、新颖、具有开拓性成果的能力。积极推动他人、社会发展和科学进步，都要靠勇气。知道恐惧但又征服恐惧的人是有魄力的人。鲁迅赞美第一个吃螃蟹的人是最勇敢的人，哥伦布航海的壮举、万有引力学说冲破宗教学说的绞刑架、敢想敢说敢行、打破禁锢，其精神支柱便是"勇"字。司马迁在《史记》中说："人固有一死，或重于泰山，或轻于鸿毛。"人终究免不了一死，但死的价值不同，为千秋万代的事业而死就比泰山还重，而那些为一己私利或损人利己的人之死就比鸿毛还轻。即使在受了宫刑之后，司马迁仍矢志不渝，他说到做到，完成了第一部以历史人物为中心的伟大历史著作。每个人都期待拥有成功，但只有具备了开拓进取品质的人才能成为一个可以为社会作出贡献的成功者。

　　勇于开拓进取可以充分发掘人的创造潜能。只有立下正确的进取目标，不断与时俱进、勇于改革、大胆创新、大胆突破、不畏风险、持久不懈地努力，才能争创一流；如果畏惧风险，只能甘于平庸，墨守成规。一般而言，开创就会有革新，革新就有阵痛。在每个人的成长过程中总会遇到这样或那样的困难与挫折，但只要他具备了开拓进取的品质，即使他是一个残疾人，也可以成为一个真正完美的人。自我加压是磨砺意志、增长才干的筹码，而不应把它当作负担。鲁迅说："不怕的人的面前才有路。"有胆略，才能在纷繁复杂的事物中显示出勇气和智谋。诺贝尔在研制炸药的过程中，胆大心细，不惧危险，终于取得了成功；富兰克林研究雷电，不怕触电，也表现出了非凡的勇气和胆识。

　　开创还要有毅力去坚持，开拓创新不是一蹴而就的。它就像爬山，坚持到最后的人才能达到最高的顶峰，才能一览众山小。谁都可以开始，但很多人由于不能突破"自生抗力"的瓶颈而半途而废，只有坚持才会有突破。爱迪生发明的灯泡就是他失败了几百次之后的成果。这也说明勇于开拓的人能够很好地结合创造性智慧与坚强的毅力，他具有追求真理的科学态度。不尊重科学，盲目蛮干，凭一时头脑发热，只会造成损失，是不能造福人类的。智慧来自丰富的知识积累。如果对前人的研究成果知之甚少，必然不会有超群的卓识。

可见，凡是在事业上取得成功的人都是才华超群、又具远见卓识的智者，同时又是胆略过人而又有坚强毅力的勇者。

当代人如何行勇

勇德对个人、社会共同体和事业的关心和爱护在实践中至关重要。那么当代人行勇的意义何在？应注意什么？如何去行勇？

当代人为何要行勇

生活在清平世界、朗朗乾坤之下的当代人，或许不再为繁重的体力劳动和连绵不断的战争等外在强力所困扰。"勇"似乎面临"无用武之地"的局面。人们对生活的能力和技巧的过分关注，忽视了对存在的勇气的追问。勇敢对于保持美德是十分必要的一种品格，这种德行保证了所有其余的德行。德国大文豪歌德曾经在一首诗中说："你若失去了财产，你只失去了一点儿；你若失去了荣誉，你就失去了许多；你若失去了勇敢，你就把一切都失掉了。"

在社会转型时期，社会出现的道德问题比较多。由于现代社会整体文化知识水平的提高，大部分人对善恶也有了充分的认识，谈起道德头头是道，可是却缺乏道德实践的精神，甚至为了自保放弃自己的道德能力。主要的问题表现在两个方面：

首先，拒绝进行道德评价，把道德看作一种审美的体验，或以大众化的一种文化来掩盖善恶判断，随波逐流，这主要源于对道德责任承担的逃避态度。其次，是行为实践中的两面化倾向，行为者持有对道德判断的两套标准。"事关利亲，两肋插刀"，"事不关己，见义不为"，归根结底是人们对"当为之勇"的放弃。道德行为是需要勇气的事情。现代人对现代法律精神的依赖性越大，社会中道德动机不足的问题就会越严重。无当为之勇，那么人不是缺乏正义感的贫弱生命，就是胆大包天的无耻之徒。而当代公民权利意识的提高与权利的实现，也必须以适当的担当意识和角色参与为条件。

　　另外，由于缺少道德勇气而选择冷漠的态度，实际上也是对自我和人性的漠视。我们旁观他人的苦难，这又何尝不是我们自己的苦难呢？一个人由于逃避责任或对不义的现象不满，内心充满了忧虑、疑惑、惧怕，自然就会降低把握幸福的能力。勇敢是不顾欲望与焦虑而对人的本质存在的肯定，这是一种心灵的幸福，它超越任何处境。从主观来说，幸

福感的缺失是一种害怕自己的不自信,实际上是勇的一种缺失。真正的见义勇为并不是为了获得荣誉和奖励,只是为了正义而勇敢地去做。同样,真正的快乐是一种"严肃的东西",不是因欲望满足而产生的快乐,而是自足的,是自我实现的快乐,它伴随着对我们本质性存在的自我肯定。

不得不说人类分工的发展和警察、军队等暴力机关的出现正在淡化个体凭借自己的力量和勇敢来保护自己的意识。但这并不意味着勇气是历史古董。如果人们失去勇气,就会对违法的行为熟视无睹、麻木不仁,甚至在自己的利益受损时都不能鼓起勇气来反击。社会的善需要我们共同托举,个人的成长发展也需要勇气。"勇"不仅体现在见义勇为的行为中,还体现在发明创造等推动社会进步的各项事业中。我们可以说,"勇"是人存在的一种本质功能、一种伦理价值,是具有社会学意义的一种品质。

智德是勇德的最好搭档

在今天,勇的主要实践不在于勇敢善战,勇必须以智慧和理性的承当为主要内涵,这对纠正人们把勇当作一味骁勇的主观偏见,从而实现真正的勇敢有着非常重要的意义。

真正的"勇者"首先应是个"智者",大勇的背后一定是大智。勇气的实现以智慧为条件,智慧的产生一定以勇气为前提。"司马光砸缸"的故事说明司马光是很有智慧的少年。但如果没有勇气,没有胆识,弃之逃走,哪会有这个砸缸救人的故事呢?"临事而屡断,勇也。"(《礼记·乐记》)遇到事情,常常能做到果敢善断,就是勇敢。

可见,智是勇的最佳搭档。勇气服从于理性与智慧的支配,而冒险的勇气则参与对智慧的创造。

在道德判断中,所谓对的,就是要维护基本的权利、价值观和合法的社会契约。而要做到这一点并非易事,要分辨迷乱的道德现象,需要抗拒诱惑,需要让渡自身的利益,这要拿出道德勇气来付诸行动。

如果做出的行为不是基于是非判断和价值目标,如果只是由于那样的行为是冒险就去选择,那么,所做出的行为就不是勇敢的行为,而只是没有头脑的鲁莽。勇敢的行为必须以是非判断和能力评估为前提。勇,不能像暴虎冯河一味蛮干,更不能"好勇斗狠,以危父母"(《孟子·离娄下》),某些看起来勇敢的人,也许只是意气之勇,未必出于仁爱之心。"知命者不立乎岩墙之下。"(《孟子·尽心上》)不是因为胆小,而是避免不必要、无意义的牺牲;"临事而惧"不是怯懦,而是对待具体事情的认真和慎重。"临事而惧"与"勇者不惧"不但不矛盾,反而是相辅相成的。"临事"如此,面临生死关头更应该运用智慧。当生则生,君子重生,岂能轻死。故孟子曰:"可以死,可以无死,死伤勇。"(《孟子·离娄下》)

在个人层面,积极面对挫折,建立自信

勇敢不仅可用于胜敌,还可用于自治和克难。尤其是在面对挫折时,勇敢用于自治这一方面,中国古代有很多著名的例子。司马迁在《史记》中说:"盖西伯拘而演《周易》;仲尼厄而作《春秋》;屈原放逐,乃赋《离骚》;左丘失明,厥有《国语》;孙子膑脚,《兵法》修列;

不韦迁蜀，世传《吕览》；韩非囚秦，《说难》《孤愤》，《诗》三百篇，大底贤圣发愤之所为作也。"对勇气的最大考验，就是看一个人能否做到败而不馁。

挫折是我们在一定目标的实现过程当中所面临的难以克服或无法克服的障碍。如果缺乏深刻理智的指导，勇气一旦在生活中遇到挫折，就会迅速向自身反面转化。挫折普遍存在于人们生活的方方面面，任何人都不能幸免。对青少年而言"输不起"是一种普遍现象。无论是什么事情，我们总是希望自己能做到更好，比别人强，获得外界的称赞。可是，由于不成熟，我们并不能正确对待自己的强项和弱项。这并不是说输一次就放弃，无论什么事情，唯有认准目标、不断反省、咬着牙走到底的人，才有资格实现理想。失败也是我们需要的，它和成功一样有价值，只有在我们知道一切做不好的方法以后，才能知道做好一件工作的方法是什么。而懂得放弃也需要很大的勇气，当我们每个人能够认识自身的长处和短处，并正视这一点时，就会有真正的自信，能够坦然面对输赢。

思想家亚里士多德在《尼各马可伦理学》中说过，想成为勇敢的人就要做勇敢的事情。这句话似乎很简单，但却是真理。"勇"并不像其他德目一样，可以首先作为一种认识抽象地存在于人们的内心观念中，它必须在实践中才能真正被激发和展现出来。勇敢并不止于自我激励，其品格的具备必须以日复一日作出众多决定的一件件的实践积累为条件。总之，勇敢是习得的，在勇敢与胆怯之间，只要迈出勇敢的第一步，就会尝到勇敢行为之后的自我升华，持之以恒，勇敢就会成为德行。

我们也可以通过记录曾经经历过且记忆深刻的困难事件与自己为之而付出的努力和结果，总结教训，收获方式，获得启发，反复参照，增强自己的承受力，并鼓励自己坚持实践。如果和几个朋友一起做这个练习，可以在彼此的经历中找出更多使我们变得更加勇敢的经验。

在社会层面，树立社会公民的角色意识和担当意识

任何一个人都不是孤悬于世的生命，而是融他人于自身的关系性存在，即人是社会关系的总和。幸福安定仰赖于正义的社会秩序，而一个社会的正义不能光是我们自己不做害人利己的事情，还要求我们能有勇气制止他人做害人利己之事。自己不做恶事只能算尽了一半的责任，加上不姑息容忍他人破坏社会秩序才算尽了全部的责任。

真正的勇者，有着"天将降大任于斯人"的强烈的社会责任感和"铁肩担道义"的历史使命感，敢于匡扶正义，肩负国家荣辱重任。国家的强大与公民的社会责任感是分不开的。每个人都应该有一种大义的社会责任感。孟子曰："如欲平治天下，当今之世，舍我其谁也？"（《孟子·公孙丑下》）顾炎武说："天下兴亡，匹夫有责。"其中体现出来的社会责任感和使命感，正是中华民族经久不衰的动力所在。

责任心不是与生俱来的，公民的角色意识和担当意识只有在社会生活中不逃避现实、积极关注和参与公共生活、采取正当的方法对待社会关系中才能形成。一个人的学识、能力、才华固然重要，

但缺乏对社会、对他人的责任感，那只是没有正义感的贫弱生命。人们从事的工作不同，能力和作用不同，但无论是统管全局的领导者还是平凡岗位上的工作人员，系于责任就没有小事。我们经常能看到的是，打工者抱怨上班太累，总想着逃避工作；创业者抱怨做生意太难，总想着投机取巧。一言一行，一岗一位，都能见责任、见担当。我们应以满怀激情的心态来对待，而不是满心抱怨，拖拖拉拉，推诿扯皮。

我们多少次视而不见不慎跌倒的人，坦然跨过横躺在地上的车，看到同学在校门外被人勒索钱财却胆怯地跑掉。视而不见、不敢管、不愿惹是非、免去麻烦都是缺少"勇"德的体现。于是乎，再想不起他人，想不起集体，想不起社会，更想不起祖国，责任感就慢慢地消失殆尽。培养社会责任感，还得从小事做起，从我做起，从现在做起，一点一滴逐渐强化，久而久之就能成就一种品质，升华为一种使命感。我们看到有人跌倒，应该主动去扶起来；看到地上有西瓜皮，应该捡起来扔到垃圾筒里；看到社会上的不良现象，应该奋起而呼吁。人们害怕扶助老人反被诬告，实际上道德有强大的自净功能，个别人的不义之举不应影响道德勇气。要批判过分偏重功利、讲究实惠、自私、冷漠、懦弱、缺乏责任意识和正义感的人生哲学。要形成尚"当为之勇"的风气，以此鼓励人重寻道德自信，重塑精神力量的积聚。每个公民也应自觉提升责任感、角色意识。只有树立这种自觉意识，才能构筑一个越发理性、和谐的社会。

第二辑

菁华篇

JINGHUAPIAN

勇

　　《左传》尝载古人之言："大上有立德，其次有立功，其次有立言，虽久不废，此之谓不朽。""立言"为不朽之一，而立道德之言尤为可贵。言者，心之声也。道德之言，乃有德者之心声，故而尤其值得珍视。中国作为礼仪之邦、文明古国，历代不乏高贤大德，而他们都有自己的道德体悟之语。本辑所选是古今道德箴言的菁华。这些箴言名句，是古今高贤大德人生经验的凝结，是他们纯洁、高尚心灵的流露。这些箴言名句，可以朗读，可以背诵，可以欣赏，可以怡情，可以励志，可以开慧，可以大心，可以成德。

背诵部分

人谁无过①，过而能改，善莫大焉。

——《左传·宣公二年》

注 释

①过：过错，错误。

解 读

谁能保证一辈子不犯错误呢？犯了错误而能及时改正，没有比这更好的事情了。人之所贵不在于无过，而在于能改过，"不贰过"。知错并勇于改过，才是真正的勇敢。

善为士者不武,善战者不怒①,善胜敌者不与②,善用人者为之下。

——《老子·第六十八章》

注 释

①不怒:不会被轻易激怒。
②与:争斗。

解 读

真正的勇武之士不会好勇斗狠;善战的名将不会气势汹汹;善于取胜的人可以不战而屈人之兵;善用人才的人总是虚怀若谷,甘居人下。这句话告诉我们最高层次的"勇武"并不是动手,战争与杀戮永远是最不得已的手段。"绝顶的高手"一定是"心"的修养很高的人,他韬光养晦、和光同尘,绝不张扬。

仁者^①必有勇,勇者不必有仁。

——《论语·宪问》

注 释

①仁者:有仁德的人。

解 读

这句话勾画了儒家道德中仁与勇的关系。

此话从语义分析,"仁者必有勇"之"勇"显然是指践行仁道的精神力量和践行能力,是善德实现的必要条件。"勇者不必有仁"之"勇"指的是孔武有力或喜欢冒险的血气之勇,而非义理之勇。

士不可以不弘毅①,任重而道远。

——《论语·泰伯》

①弘毅:指抱负远大,意志坚强。

解 读

毅,即坚毅,刚强坚韧,是中国古代思想家非常推崇的一种精神品格,也是一切欲成大事者必备的品格。它强调战胜一切艰难险阻,勇往直前,不达目的誓不罢休。这种精神是事业成功、战胜自然、改造社会的重要保证。

勇者不惧①。

——《论语·子罕》

①惧：害怕。

一个人如果内心足够勇敢，就会有勇往直前的力量，自然就会无所畏惧，堂堂正正挺立于人世间。就社会现实而言，勇是惩治邪恶、抵制道德麻木的力量；对个体而言，勇是接受挑战，百折不挠，实现自我价值的力量。

故天将降大任①于斯人也，必先苦其心志，劳其筋骨，饿其体肤②，空乏③其身，行拂乱其所为④，所以动心忍性⑤，曾益⑥其所不能。

——《孟子·告子下》

解 读

　　上天将要降落重大使命于此人，一定要首先使他的内心痛苦，使他的筋骨劳累，使他经受饥饿，使他身体消瘦，使他受贫困之苦，扰乱他的行为，使其不如意，使他内心受到震动，意志更加坚强，增加他不具备的才能。孟子告诉我们：将来要成就一番事业的人，都必然要在内心和身体各方面经受一番磨炼，使自己变得更坚韧，以此来增长自己的才干。吃过苦，受过挫折，即便以后再碰到类似的困难，都能冷静应对、处变不惊。

天行健①，君子以自强不息；地势坤②，君子以厚德载物。

——《周易》

注 释

①健：动而刚。

②坤：柔而顺。

解 读

　　天的运行刚健强劲，君子处世也应像天宇一样，自觉奋发向上，刚毅坚卓，永不松懈；大地的气势宽厚和顺，君子也应像大地一样，以容载万物的气度和胸怀待人接物。自强不息是勇者的品格，也是儒家君子人格的灵魂。

好学近乎知①,力行近乎仁,知耻近乎勇。

——《中庸》

注 释

①知:通"智"。

解 读

勤奋好学就接近智,做任何事情只要努力就接近仁,懂得了是非善恶,知道了廉耻,就接近勇。智、仁、勇是儒家所推崇的"三达德",三者缺一都不能成就完整的人格。

不入虎穴，焉①得虎子。

——《后汉书·班超传》

注 释

①焉：疑问词，怎么。

解 读

一帆风顺的成功者很少，个人求得成功的过程中一定会遇到很多意想不到的困难，不经历最艰苦的实践、不接受挑战是不会得到成功的。

穷①且②益坚，不坠③青云④之志。

——王勃《滕王阁序》

注释

①穷：困窘、处境艰难。

②且：尚且。

③坠：放弃。

④青云：喻指志向的高远。

解读

古往今来的有志之士面对艰难险阻，总能执着地坚守信念，处逆境而不消沉，从失败中获益，从勤奋中崛起。这句话告诉我们，越是困难的时候越要坚强，永远不要放弃心中的理想。

千山鸟飞绝，万径人踪灭。孤舟蓑笠翁①，独钓寒江雪。

——柳宗元《江雪》

注释

①蓑笠翁：披蓑衣，戴斗笠的渔翁。

解读

粗看这首诗，眼前浮现的是一幅山水画，实际作者借身处孤寒之界而处之泰然的渔翁形象比喻清高脱俗、兀傲不群、守贞不渝的风骨。有时候，勇者是孤独的，孤独来自他不与世俗同流合污，对世俗的轻鄙、信仰的剥夺毫不畏惧，执着地坚守内心的理想。

生当作人杰①，死亦为鬼雄。

——李清照《夏日绝句》

注 释

①人杰：出类拔萃的人物。

解 读

活着就要当人中的俊杰，死了也要做鬼中的英雄。这无关功利，只为给生命一个交代。李清照的一生充满了苦难与不幸，其中较大的变故有四次："元祐党祸"，家父遭遣；中年丧夫；一生珍藏被毁；晚年遭诬。她这句话告诫我们，人应胸怀远大的志向，与命运搏斗，完成人性的高贵。

熟读部分

慈,故能勇①。

——《老子·第六十七章》

注 释

①慈,故能勇:富有慈善心肠的人,就有勇气。

解 读

人的情感能影响其意志,境界高的人对自然万物赋有慈爱之心,犹如慈母爱其子,这种情感一旦得到激发就会影响其意志,就会毫不怀疑地推动该做的事情,这便是勇敢。

当①仁，不让于师。

——《论语·卫灵公》

注 释

①当：对着，面临。

解 读

勇是实行仁的条件之一。面对应该做的事，不能犹豫不决，也不能推让；在危急时刻，要敢于冲破繁琐礼节和各种权威的束缚，抢着去做。

勇而无礼①则乱。

——《论语·泰伯》

注 释

①礼：指各种典章制度与行为规范，即法度。

解 读

古代的"礼"内涵深广，指各种典章制度与行为规范，即法度。"无礼"也不是我们今天所说的"没礼貌"，而是指无论做什么都要合度的问题。一味谨慎就会裹足不前，但勇而不知度，就会产生祸乱。"勇"要适度，经过理性的思考才能趋近目标而减少不良后果。

君子^①义以为上。君子有勇而无义为乱;小人^②有勇而无义为盗。

——《论语·阳货》

注 释

①君子:在位的君子。

②小人:民众。

解 读

在位的君子以义为上。如果在位的君子有勇而没有义的约束就会走向反面,对社会有害无益;普通百姓只有勇而无义,便会犯乱,沦为盗贼。

王曰:"大哉言矣!寡人有疾①,寡人好勇。"对曰:"王请无好小勇。夫抚剑疾视曰:'彼恶敢当②我哉?'此匹夫之勇,敌一人者也。王请大之!《诗》云:'王赫斯怒,爰整其旅,以遏徂莒,以笃周祜,以对于天下③。'此文王之勇。文王一怒而安天下之民。《书》曰:'天降下民。作之君,作之师,惟曰其助上帝,宠之四方。有罪无罪惟我在,天下曷敢有越厥志?'一人衡行于天下,武王耻之。此武王之勇也。而武王亦一怒而安天下之民。今王亦一怒而安天下之民,民惟恐王之不好勇也。"

——《孟子·梁惠王下》

注 释

①疾:弊病,缺点。

②当:同"挡",阻拦。

③王赫斯怒,爰整其旅,以遏徂(cú)莒(jǔ),以笃周祜,以对于天下:周文王勃然大怒,调兵出征,于是整其师旅,以遏止往伐莒者,以笃周家之福,报答了天下百姓。"爰",于是。"徂",往。

解 读

周文王为国家社稷，一怒而推翻商朝暴君是"大勇"。而很多人难忍一时之愤怒，动辄就按剑疾视。孟子对"勇"用"大""小"来进行划分，当齐宣王自称"寡人好勇"时，孟子劝他"王请无好小勇""王请大之"，建议他应以文王和武王的"大勇"作为指导自己行动的原则。孟子与齐宣王的这段对话告诫我们应追求"合于大节"之勇。

北宫黝之养勇也，不肤挠①，不目逃，思以一毫挫于人，若挞之于市朝；不受于褐宽博②，亦不受于万乘之君；视刺万乘之君，若刺褐夫③；无严诸侯，恶声至，必反之。孟施舍之所养勇也，曰："视不胜犹胜也；量敌而后进，虑胜而后会，是畏三军者也。舍岂能为必胜哉，能无惧而已矣。"孟施舍似曾子，北宫黝似子夏。夫二子之勇，未知其孰贤，然而孟施舍守约④也。昔者曾子谓子襄曰："子好勇乎？吾尝闻大勇于夫子矣：自反而不缩⑤，虽褐宽博，吾不惴焉。自反而缩，虽千万人吾往矣。"孟施舍之守气，又不如曾子之守约也。

——《孟子·公孙丑上》

注　释

①挠：退却。

②褐宽博：古代贫贱者所穿的宽大粗布衣服，这里指贫贱者。

③褐夫：穿粗布衣服的人，指贫贱者。

④守约：简易可行。

⑤缩：理直，有道理。

解 读

　　齐国勇士北宫黝一味养"勇"：肌肤被刺不退缩，眼睛被戳都不眨一下。别人对他有一点点冒犯，一概不容忍。孟施舍求"气"，即保持一股无所畏惧的盛气：对待不能战胜的敌人，跟对待足以战胜的敌人一样保持无所畏惧的气势。曾子则把勇气建立在正义的基础上：反躬自问，如果正义不在我，对方纵是一介平民，也要害怕；如果正义确在我，对方纵是千军万马，我也勇往直前。曾子转述的孔子之大勇，它以理的曲直为断，可见勇气并不等于好勇斗狠或无所畏惧。站在正义一边的人，是道义上的强者，所以——虽千万人，吾往矣！

可以死,可以无死;死伤^①勇。

——《孟子·离娄下》

注 释

①伤:伤害,损害。

解 读

中国人所熟悉的"舍生取义"是孟子提出来的。孟子强调以"义"配"勇",主张在非常时刻真正的勇士要能牺牲一些东西保全"义"。但我们并不能由此说他重义轻生,贬低生命的价值。相反,孟子是非常敬畏和珍爱生命的。此话意为要避免不必要的牺牲,在可以不死的情况下盲目赴死就会损害"勇"的品格。"勇"应该是敬畏生命而又敢于担当的理性之勇。

夫水行不避蛟①龙者,渔父之勇也;陆行不避兕②虎者,猎夫之勇也;白刃交于前,视死若生者,烈士之勇也;知穷③之有命,知通④之有时,临大难而不惧者,圣人之勇也。

——《庄子·秋水》

注 释

①蛟(jiāo):古代传说中的一种龙。

②兕(sì):犀牛一类的野兽。

③穷:困窘、处境艰难。

④通:通"达"。

解 读

在水上行进不躲避蛟龙是渔父之勇;在陆上行走不怕犀牛老虎是猎人之勇;白刃相加,视死如归是烈士之勇;懂得困厄由命运造成,显达由时机决定,遇大难而不畏惧是圣人之勇。以一种精神上无坚不摧的力量坦然面对命运,是需要我们用一辈子去追求的最高境界,即"圣人之勇"。

　　有狗彘①之勇者,有贾盗②之勇者,有小人之勇者,有士君子之勇者。争饮食,无廉耻,不知是非,不辟③死伤,不畏众强,恈恈④然唯利饮食之见,是狗彘之勇也。为事利,争货财,无辞让,果敢而振,猛贪而戾,恈恈然唯利之见,是贾盗之勇也。轻死而暴,是小人之勇也。义之所在,不倾于权,不顾其利,举国而与之不为改视,重死、持义而不挠,是士君子之勇也。

——《荀子·荣辱》

注 释

①彘(zhì):猪。

②贾(gǔ)盗:商人和盗贼。

③辟(bì):通"避"。

④恈恈(móu)然:非常想要的样子。

解 读

　　荀子把"勇"分为四类：有狗和猪的勇敢，有商人和盗贼的勇敢，有小人的勇敢，有士君子的勇敢。争吃抢喝，没有廉耻，不懂是非，不顾死伤，不怕众人的强大，只争货财，这是狗和猪的勇敢。做事图利，争财不推让，行动果断胆大而心肠狠毒、贪婪而暴戾，眼红得只看见财利，这是商人和盗贼的勇敢。不怕死而行为暴虐，是小人的勇敢。合乎道义的地方，绝不趋炎附势，不顾自己的利益，以国相让也不改变立场，既看重生命，又坚持正义，不屈不挠，这是士君子的勇敢。荀子解释每一类"勇"的特征，提倡的是有操守、有智慧的"士君子之勇"。

　　有上勇者，有中勇者，有下勇者：天下有中，敢直^①其身；先王有道，敢行其意；上不循于乱世之君，下不俗于乱世之民；仁之所在无贫穷，仁之所亡无富贵；天下知之^②，则欲与天下同苦乐之，天下不知之，则傀然^③独立于天地之间而不畏，是上勇也。礼恭而意俭，大齐信焉而轻货财；贤者敢推而尚之，不肖者敢援而废之，是中勇也。轻身而重货，恬祸而广解，苟免^④，不恤是非，然不然之情，以期胜人之意，是下勇也。

——《荀子·性恶》

注 释

①直：中立不倚。

②知之：了解他。

③傀(kuǐ)然：独立貌。傀，通"块"。

④恬祸而广解，苟免：安于祸乱而多方解脱，逃避罪责。

解 读

　　荀子崇尚"上勇"，反对"下勇"。"下勇"是逞一时之快的"匹夫之勇"，"下勇"也是"狗彘之勇""贾盗之勇"和"小人之勇"（《荀子·荣辱》）。捍卫仁义，不屈服于权势，不顾及私利，举国反对，他也不动摇，不屈不挠但不盲目赴死，这就是"上勇"或"士君子之勇"。"上勇"是智仁勇合一的模式，是真正值得赞扬和提倡的大智大勇。

志之难也，不在胜^①人，在自胜。

——《韩非子·喻老》

注 释

①胜：战胜。

解 读

立志的境界不在于胜过别人，而在于胜过自己。在自我与他人的关系中，人们往往把注意力放在如何压倒别人上。一个真正强大的人，不是战胜别人，而是战胜自我的不足，克制自我的懒惰，要做到这一点，才是最困难的！这句话告诉我们自胜者才是真正的强者。

见^①侮^②而不斗，辱也。

——《公孙龙子》

注　释

①见：被。

②侮：欺侮。

解　读

当正义遭到侮辱、欺凌却不挺身而出，等于自取其辱，是一种懦弱的表现。这句话告诫我们：人不能只求明哲保身，该出手时就应该勇敢地站出来伸张正义。

夫志当存高远,慕先贤,绝情欲,弃凝滞①,使庶几之志②,揭然③有所存,恻然④有所感;忍屈伸,去细碎,广咨问,除嫌吝⑤,虽有淹留⑥,何损于美趣,何患于不济。若志不强毅,意不慷慨,徒碌碌滞于俗,默默束于情⑦,永窜伏⑧于凡庸,不免于下流⑨矣!

——诸葛亮《诫外甥书》

注 释

①凝滞:停止不前。

②庶几之志:贤人之志。

③揭然:明确树立,高举。

④恻然:悲伤的样子。

⑤嫌吝:狭隘。

⑥淹留:停留在原地,指未升迁。

⑦徒碌碌滞于俗,默默束于情:沉溺于习俗私情,碌碌无为。

⑧窜伏:处于。

⑨下流:最末一等的人。

解 读

　　人若有远大的抱负，能学习先贤、断绝情欲、存贤者之志，能屈能伸、广泛地学习、革除狭隘，就算未能升迁，又何损于自己的美好情趣呢？又何愁时运不济呢？如果意志不坚定，意气不风发，徒然随众附和，沉溺于世俗琐事，奔走忙碌，终究不可能有出息，有教养。这句话告诉我们什么是真正的强者之道。

古之所谓豪杰之士者,必有过人之节。人情有所不能忍者,匹夫见辱①,拔剑而起,挺身而斗,此不足为勇也。天下有大勇者,猝然临之而不惊,无故加之而不怒。此其所挟持者甚大,而其志甚远也。

——苏轼《留侯论》

注 释

①见辱:被侮辱。

解 读

古代被人称做豪杰的志士,必有过人的节操,有一般人的常情所无法忍受的度量。有勇无谋者被侮辱,会拔起剑,挺身上前搏斗,这还不足以被称为勇士。真正的豪杰,遇到突发情形而不惊慌,无故受到别人侮辱也不愤怒。这是因为他们胸怀极大的抱负,志向非常高远。这段话告诉我们只要胸怀远大目标,便有浩然正气于胸中,这即是视死如归、敢于为道义献身的"大勇"。

天资刚劲,见义勇为,虽机阱①在前,触发之不顾。

——《宋史·欧阳修传》

注　释

①阱(jǐng):同"阱",泛指深坑。

解　读

这句话的意思是,就算眼前是机关陷阱,也不惜触发。见义勇为,往往是把自己的安危置之度外,而对他人进行援助。

过^①而不能知，是不智也；知而不能改，是不勇也。

——李觏《易论·第九篇》

注 释

①过：过错，犯错误。

解 读

　　有了错误而不知道有错，是不明智的表现；知道了自己的错误而不改正，是缺乏勇气的表现。一般情况下，人犯了错误自己都会知道，但往往因为怕丢面子、丧失威信，而缺乏改正错误的勇气。更有甚者，一意孤行、将错就错，这是一种怯懦的表现。实际上，勇于改正错误不仅不会被嘲笑，而且会赢得别人的尊敬。

第三辑

范例篇

FANLIPIAN

勇

　　鲁迅先生曾在《中国人失掉自信力了吗》一文中说过："我们从古以来，就有埋头苦干的人，有拼命硬干的人，有为民请命的人，有舍身求法的人……虽是等于为帝王将相作家谱的所谓'正史'，也往往掩不住他们的光耀，这就是中国的脊梁。"本辑所选正是作为中国人道德脊梁的行为故事。他们以自己的实际行动诠释了什么是道德上的崇高。这些故事不过是古往今来具有高尚道德情操的中国人的行为范例之沧海一粟。虽然他们的行为有其时代的烙印和局限，但正因其为后人立德，故而获得了不朽的意义。

毛遂自荐

战国时，七国逐鹿中原，平原君的门客毛遂自告奋勇出使楚国，以其智勇和能言善辩促成楚赵结盟，解救了国家的忧患，获得了"三寸之舌，强于百万之师"的美誉，"作战"的最高境界也在于此——不战而胜。

公元前 257 年，从西部边陲发展起来的秦国经商鞅变法实力大增，到了秦昭公时期，秦国派兵围攻赵国都城邯郸。历经惨烈的长平之战后，赵国国力已大为削弱，虽倾全力拼死捍卫城池，但邯郸城内早已兵困粮绝，危机四伏。燕国抵制侵略的办法只剩下联合诸侯武力抗秦了。赵公子平原君奉命到楚国寻求联盟。临行前，平原君准备挑选二十名文武兼备的门客随同前往。那个时期有身份、有地位的人好养门客，门客实际上是有学问、有技能的人。平原君素以慧眼识人才而闻名，门下有八方门客几千人。平原君经过仔细筛选，最后选中了十九人，尚缺一人。正在平原君左思右想考虑最后一个人选的时候，毛遂求见。毛遂是薛国人（今山东省枣庄市人），年轻时游历至赵国。毛遂个头儿不高、长相平庸，从外表看不出任何锋芒，身为平原君的门客三年未有机会展露才华。毛遂自告奋勇说，愿与平原君同往解救国家燃眉之急。平原君见是毛遂，有些失望，问："毛先生至赵国几年了？"毛遂答："三年。"平原君不客气地说："先生来此三年仍没有得到别人称颂，恐怕是先生没有才能吧。贤能的士人随便到哪里，好比锥子放在布袋中，一定会露出

尖锋来的。"毛遂说:"这不能说明我没有才能,而是我从来没有被君侯放进口袋里。如果我早被放在布袋里,早就会脱颖而出,何止露出一点儿尖锋呢!今天我自告奋勇就是请君侯把我放进口袋里,给我一个机会。"平原君见他说得有理,便同意毛遂随同他前去。同往楚国的其他十九个门客互相用目光示意嘲笑毛遂。

平原君和楚国谈判合纵的盟约,从早晨谈到中午,也没能说服楚王。随同的其他十九个门客束手无策,一旁的毛遂便走上前去。他按剑跨上台阶,走近楚王,说:"合纵抗秦有利,不合纵有害,这样清楚明白的事情,大王为何现在还不决断?"楚王大怒,斥道:"我与君侯说话,你是谁?还不给我退下!"平原君说:"这是我的手下。"毛遂不但没有退下,反而又上前几步说:"大王敢斥责毛遂的原因,是由于楚国人多。现在,十步之内,大王不能依赖楚国人多势众了,现在大王的性命掌握在我毛遂的手上,大王的十万兵马都没有用了!我的君侯在眼前,我随时奉命。"楚王怕毛遂真的动武,一时无言对答。毛遂继续对楚王说:"当年楚怀王当了秦国的俘虏,死在秦国,这是楚国最大的耻辱。秦将白起只带几万人就夺了郢都,逼得大王迁都。这些就连我们赵国人也替你们感到羞耻。今天我的主人跟大王来商量合纵抗秦,既为了赵国,也为了楚国雪耻。"毛遂继续紧逼着说,"其实,楚国有五千里辽阔的土地,几十万雄师,这么强大的国家,为什么要害怕秦国呢?大王不同意楚赵联盟,难道要等秦国逐个击破,坐以待毙吗?"毛遂这一番话像锥子一样,句句戳在楚王的心上,也勾起了楚王对秦国的怨恨。楚王自知理亏,赶忙说:"是,是!先生说的有理。让我们联合起来,共同抗秦,一起来订立

'合纵'的盟约吧。"毛遂问："那么,大王您决定了吗?"楚王说："决定了。"毛遂对楚王左右的人说："取鸡、狗和马的血来!"于是,楚王与平原君当场歃(shà)血结盟。随后,楚王派大军奔赴赵国救援。公元前 257 年,秦军败退,邯郸解围。

平原君一向以善于采纳忠言、善于用人而闻名,但这一次他喟叹不已。回到赵国后,他感叹说："我鉴选人才,自以为没有遗漏;今天却遗漏了毛先生。毛先生一到楚国,就使赵国的威望高如九鼎大吕,楚国就不敢小看赵国了。"平原君认为毛遂是不可多得的将帅之才,便把毛遂作为上等宾客对待。毛遂不是帝王将相,只是个身份卑微的门客,但他有才能、有勇气,善于抓住机会,敢于自荐,这样的人是不会长久被埋没,终会崭露头角的。

女英雄花木兰

在中国漫漫五千年历史的浩瀚群英中有一位富有传奇色彩的巾帼英雄,叫花木兰。《木兰辞》的作者早已不知是何人了,但这部作品却一直流传。

木兰是河南商丘城东南济阳集的人。济阳集北边有个木兰祠,不知是什么时候建的,后来兵荒马乱,祠堂没人修,房屋慢慢毁掉了,只剩下一块大石碑,上边刻的是木兰的故事。根据《河南通志》和《归德府志》记载,木兰是隋朝人,姓魏。木兰的故事历代以来口耳相传,怎么变成花姓不得而知,但木兰这个十分文雅的名字没有变。木兰的父亲是一位能征善战的老将军。老将军在边关身经百战,屡建奇功,后来年迈体衰,只好告老还乡。据说北魏人喜欢练武,木兰生性好动像个男孩,老将军也就把木兰当男孩来培养。木兰十来岁时,父亲就常带她到村外小河边骑马、射箭、练剑。随着年龄的增长,木兰的武艺不断精深。空余时间,木兰还喜欢看父亲的旧兵书。

木兰生活的北魏时期经过孝文帝的改革,社会经济得到了发展,人民生活较为安定。北魏末年,契丹等游牧民族日渐强大,不断南下骚扰,他们不断派兵侵扰中原,抢劫财物。北魏朝廷为了对付他们,只好大量征兵,防守北部边境。这一年,柔然人又突然来袭,势头很猛。眼看战事吃紧,边关要失守,朝廷急忙传旨:每家出一名男子上前线。

木兰的父亲,这位忠勇的老战将一见军帖便连忙命女儿给他

准备行装。可是人老不比当年,沉重的盔甲让他有些不堪重负;刀拿在手上,也觉得重极了。他的战马也老了,只能从街上又买来一匹。谁知这匹马欺生,老将军连着三次都没能上去,还差一点儿被它摔在地上。木兰看到此景,心里一阵难过,要求替父驯烈马。只见她纵身一跃,骑上了马背。那匹马立时抖起鬃毛,"咴咴"地叫着,连掀带蹦地撒起野来。只见木兰稳稳坐在马背上,一手拢缰,一手扬起马鞭朝马屁股上猛抽几下,那马就服服帖帖了。那时规定女子不能从军。木兰不忍年迈的父亲再上战场,而弟弟又年纪尚小,木兰毅然决定乔装成男子,替父从军去边关打仗。于是,她到处找上前线用的东西,"东市买骏马,西市买鞍鞯,南市买辔头,北市买长鞭"。

一天凌晨,木兰悄悄地踏上了征程。晚上,她露宿在黄河岸边,"黄河流水鸣溅溅","但闻燕山胡骑鸣啾啾"。一个女战士枕戈待旦,需要何等的勇气!

初入军营,由于木兰武艺精湛,被分到前线打仗。木兰从小习武,又读过兵书,在战场上大显身手,一连战败了突厥的几个上将。她很快成了战场上赫赫有名的战将,被提拔为阵前将军。军旅生活对于很多男人来说都是艰苦的事情,更不要说木兰了。她既要隐瞒女儿身,又要与战友们一起杀敌。"将军百战死,壮士十年归",战事是如此频繁,岁月又是如此漫长。敌人终于被打败,国家的危机解除了,朝廷传旨撤军,边关只留下一些士兵继续把守,兵将们一批批离开边关。将士们身经百战,有的为国捐躯,有的转战多年胜利归来。无数将士喋血疆场,木兰终于活着回来了。

朝廷要对所有的将领论功封赏。木兰为父尽了孝,为国尽了忠,皇上打算封她个兵部尚书的官职,木兰不受封领赏。木兰一点儿也没把功名利禄看在眼里,她急切地想回到家乡见父母和姐姐、弟弟。于是她要了一匹千里马,和几个战时的好友一起回到了家乡。大家听说木兰回来了,都出来迎接她,木兰的父亲和母亲甚至来到了城外;木兰的姐姐听说木兰回来了,把自己打扮得漂漂亮亮的;她的弟弟听说姐姐要回来了,磨了刀去杀猪和羊来迎接姐姐的到来。木兰回到家,走进了自己的房间,坐在自己的床上,脱下了沉重的盔甲,换上了自己以前的衣服,盘起头发,搽了胭脂,贴了花黄。木兰从屋里走了出来,她的战友看见了,十分惊讶,和木兰一起打了多年的仗,竟然不知道她是一个女儿身。

后来有人为木兰编了一首民歌,名叫《木兰辞》。直到现在,人们想起木兰来,还会不由自主地吟唱起这首北朝民歌。

东北抗日英雄杨靖宇

回顾艰苦卓绝的东北抗日战争，我们就会想起杨靖宇将军。他用自己短暂的生命创作了一曲悲壮的英雄史诗。

杨靖宇原名马尚德，字骥生，1905 年出生，1927 年 5 月加入中国共产党。根据革命斗争的需要，1936 年 7 月，他开始担任中共南满省委书记、东北抗日联军第一军军长兼政委、东北抗日联军第一路军总司令兼政委等职。他率部队长期战斗在长白山麓，松花江与鸭绿江畔，组建中国工农红军第 32 军南满游击队，沉重地打击了日伪统治，让日军闻风丧胆。

1938 年下半年日军看到东北抗日联军的势力不断壮大，严重威胁了伪满洲国的傀儡统治，感到十分恐惧，痛下决心调集重兵对东北抗日联军进行"倾一国之力"的"围剿"，以除"心头大患"。敌人为能早日抓到杨靖宇这个"大头目"，以万元巨金悬赏杨靖宇头颅，并对杨靖宇部队实行疯狂的包围式追击和梳篦式排查。

在东北的冬天，冰天雪地，抗战异常艰苦。天气酷寒，风雪不止，战士们冬装不齐，手脚早已冻伤。雪地行军，裤子总会湿，冻了之后就变成了冰甲，腿都很难打弯，迈起步来很吃力。战士们的鞋子跑烂了，只好用几根榆树条把鞋绑在脚上，才不至于散掉。在森林里行军作战，战士们的衣服被树枝扯烂了，不管白天黑夜浑身上下都挂满了厚厚的霜，像一个个冰雕。尤其是在夜里，深山野林气温降到零下 40 多摄氏度，大树都要冻裂了，咯咯直响，何况是人呢！极度寒冷却不能生起一堆火来好好地烤一烤——一生火，发出火光，青烟飘上林梢，凶残的敌人就会像一群饿狼一样扑上来。日军又将"无人区"内所有可供住宿的房屋焚毁了，联军战士没有地方避寒，夜里冻得无法入睡，只好不停地在雪地上蹦高，生怕坐下再也起不来。

敌人包围得越来越密集，敌兵数量多达4万，加上叛徒出卖，形势对我军越来越不利。1940年初的50多天里，杨靖宇率战士与日军作战40多次，有时一天打几仗，甩掉一股敌军又遇上一股，部队无法获得休整的机会。两个多月的转战，部队的粮食和冬装问题始终没有得到解决，伤员得不到救治，伤亡惨重，难再力战。杨靖宇不得不决定各部队分散突围，以保存实力，待机重新集结。为了掩护各部队分头转移，杨靖宇带领联军300多人从正面吸引住敌人，由机枪连打头，硬生生撕开一条血道。此时杨将军身边还有200来人。1月6日，在濛江西岗他们又与大批日伪军遭遇，杨靖宇决定分头突围。突围后，杨靖宇与警卫旅和少年铁血队失去联系，跟随他的只有特卫排60余人。之后，杨靖宇和身边的战士们再没有得到一粒粮食，每天只能用草根、树皮或衣袖上绽露的棉花充饥。丧心病狂的日军在叛徒的协助下疯狂"围剿"，为了缩小目标，杨靖宇又将队伍分为小组分散突围，他只留下十几个战士。杨靖宇指挥作战机动灵活，敌人始终无法掌握他的行踪和去向。在与敌人反复周旋的过程中，2月15日，杨靖宇身边只剩下了7名战士，粮尽援绝，陷入绝境。而这天早上，隐蔽在濛江一个山坳里的杨靖宇和他的战士们再次被汉奸带领的警察大队发现。日本警务厅厅长岸谷

勇

隆一郎立即发动了所谓的"最后的围剿"。岸谷专门调来飞机，从上往下紧紧盯住杨靖宇的行踪，指挥地面部队接近目标。杨靖宇等8人边打边撤，至下午3点仍未摆脱掉敌人。夜里，敌人仍用划火柴的方法寻找脚印，但是杨靖宇率领战士们再一次从敌人的视线中消失。在这一天一夜间，杨靖宇率领7个人以惊人的毅力突出重围，将600余人的伪警察大队拖得人仰马翻，打死、打伤、冻伤和掉队者竟达500余人，最后只剩下五六十人，坐在雪地上喘着粗气。激战后，杨靖宇身边只剩下6人，其中4人已负伤。杨靖宇命令负伤的警卫员黄生发带3个伤号突围躲进密营养伤，自己率两名警卫员继续南下，以便同二方面军会合。

2月18日晨，他的两名警卫战士在向当地群众购买粮食和衣服时被叛徒认出，二人边打边撤，最终壮烈牺牲。敌人在他们身上找到了杨靖宇的印章，由此判定杨靖宇就在附近，岸谷隆一郎随即下令切断公路，封锁森林，派特务伪装进山打柴，寻找杨靖宇。但4天过去了，敌人一无所获。此时的杨靖宇将军已经孤身一人，在生命的最后关头，他用毅力和强健的体魄一次次击败敌人。脚上，靠一根绳子捆着的棉鞋都烂成一团，两只脚严重冻伤。最难的是没有吃的，挖了3尺深的积雪也很难觅见草根，只好啃那些难咽的树皮。多日激战和极度饥饿，使他生命的力量即将耗尽，就算不暴露也会在冰天雪地中冻饿而死。杨靖宇作出了选择，为得到食物和棉鞋，找到部队，他决定冒着暴露的危险向老百姓买食物。

2月22日上午，杨靖宇在濛江县保安村的山里等到了4个砍柴的村民。汉奸赵廷喜认出他，劝他投降。杨靖宇平静地说："我是中国人啊，哪能做这种事情。中国人都投降了，咱们中国不就完了吗。做人要对得起自己的良心。"赵廷喜无语，答应给杨靖宇带来粮食。但是杨靖宇未等到粮食，等来的却是日军。在2月23日下午4时，他在濛江被日军发现。

没有中国人亲眼目睹杨靖宇的最后时刻，但在日军档案中，描述得很详细。他表现得沉着冷静，一边用两支手枪射击从四面八方围上来的敌人，一边向490高地退却。敌人进一步缩小了包围圈，离杨靖宇只剩下50米的距离。敌人想活捉杨靖宇，不断高声劝降，杨靖宇只是用一颗颗子弹回应。交战20分钟，几天几夜粒米未进的杨靖宇已经无力摆脱敌人，最后靠在一棵大树后面射击，与敌人相距不足30米。有一子弹命中其左腕，"啪嗒"一声，他的手枪落在地上。但是，他继续用右手的手枪应战，又有数名日本警察被击毙后，敌人明白劝降无望，生擒困难，遂猛烈向他开火。杨靖宇最后身中数弹，轰然倒下，一代抗日英豪就此壮烈殉国！而此时的杨靖宇年仅 35 岁！

　　杨靖宇生前死后都是让日本人异常敬畏的人物。他牺牲后很长时间，敌人都不敢向他靠近。杨靖宇的尸体被运回濛江县城后，敌人铡下他的头颅，装进木盒送往伪满首都新京。岸谷隆一郎实在不理解杨靖宇在这些日子是靠什么活下来的。他让县民众医院解剖了杨靖宇的尸体。敌人在英雄的胃里见到的只有未消化的草根、树皮和棉絮，竟没有一粒粮食！在场的中国护士禁不住流下热泪。在解剖完杨靖宇的尸体后，岸谷隆一郎无论如何也不敢相信，跟他打了几年仗的人，肚子里全是草籽和树皮。岸谷感到无比的羞愧和耻辱，内心受到极大的震撼，并开始对日本侵略战争产生了质疑，没过多久便自杀了！

　　为了民族的解放，为了人类最壮丽的事业——共产主义，杨靖宇献出了自己宝贵的生命。而杨靖宇的死，唤起了更多的热血男儿拿起武器，勇往直前，并最终赢得了抗战的胜利。臧克家曾说过："有的人死了，他还活着……"是啊，一个对人民，对国家有贡献的人虽然死了，但他依然活在人们的心中。1946 年，中国共产党决定将杨靖宇牺牲的濛江县改名为靖宇县。1949 年，郭沫若为杨靖宇将军咏诗一首："头颅可断腹可剖，烈忾难消志不磨。碧血青蒿两千古，于今赤旗满山河。"1958 年 2 月 23 日，杨靖宇的遗首和遗体被隆重公祭并合葬在吉林省通化靖宇陵园。河南驻马店杨靖宇故居也建了杨靖宇纪念馆，供后人瞻仰。

　　杨靖宇像雪峰之巅的傲然寒松，让英雄男儿的风骨得以传承挺立。中华英烈，铮铮铁骨，浩气长存，永垂不朽！

逆境中奋起的李嘉诚

　　李嘉诚是最成功的华人企业家之一。他的祖先原为中原人士，因灾荒而南迁至福建莆田，后又因战火连绵不断而由世祖李明山带领全家迁至粤东潮州府海阳县，定居于潮州城内北门面线巷。从此李氏家庭同大批因战乱而南迁的中原人一起成了潮州各部落、各家族中的一支。20 世纪 30 年代末，日军轰炸潮州，为了避难，李氏一家冒着随时可能被杀的危险，一路风餐露宿，历尽千辛万苦，辗转来到了香港。祸不单行，这时候李嘉诚的父亲李云经因劳累过度不幸染上肺病。

　　身为长子的李嘉诚一边照顾父亲，一边拼命地温习功课。为了给父亲治病，李嘉诚一家的生活过得相当清贫。两顿稀粥，再加上母亲去集贸市场收集的菜叶子便是一天的"美食"。父亲还是没能熬过那年冬天，撒手归西了。14 岁的李嘉诚从此不得不放弃学业，找到一份茶楼跑堂的工作，用他还很稚嫩的肩膀扛起了一家人生活的重担。

　　从 17 岁开始，李嘉诚在一家五金制造厂做起推销员。最初，向客户推销产品之前，李嘉诚的心情总是十分紧张。于是他就在出门前或者路上把要说的话反复练习几遍，慢慢克服紧张的心理，让自己在工作时充满自信。很快，李嘉诚以突出的业绩成了全公司的佼佼者，18 岁就做了部门经理，两年后又被提升为这家塑胶带制造公司的总经理。

然而，李嘉诚更渴望通过独立开创事业来证明自己的社会价值。说干就干的李嘉诚不顾老板的再三挽留，1950年夏天，以自己多年的积蓄和向亲友筹借的五万港元在筲箕湾租了一间厂房，创办了"长江塑胶厂"，专门生产塑胶玩具和简单日用品。由此起步，他开始了叱咤风云的创业之路。

开始的几次成功了，但没过多久，李嘉诚就重重地栽了个大跟头。年轻气盛而又经验不足的他忽略了商战变幻莫测的特点，因急切扩张，工厂资金开始周转不灵，亏损严重。而承接的订单过多，加之简陋的设备和人手不足等问题，又极大地影响了塑胶产品的质量，次品层出不穷。仓库堆满了因质量问题而退回来和延误交货的产品，塑胶原料商开始上门催缴原料费，客户也纷纷上门寻找一切借口要求索赔，李嘉诚濒临破产。

痛苦不堪的李嘉诚每天疲于应付不断上门催还贷款的银行职员、威逼他还原料费的原料商、连打带闹要求索赔的客户以及拖家带口上门寻死觅活要求按时发放工资的工人们。1950年到1955年的这段浮沉岁月，是李嘉诚创业史上最为悲壮的一页，它沉痛地记录了李嘉诚摸爬滚打于暴雨泥泞之中的艰难历程。

失败并不可怕，最可怕的是失败之后没有信心，没有勇气。经过一连串痛定思痛的磨难后，李嘉诚开始冷静分析国际经济形势变化，分析市场走向。经调查，李嘉诚发现他所生产的塑胶玩具市场已经趋于饱和，前景不乐观，要生存，要救活企业，就必须实现塑胶厂"转型"。不服输的性格让他迎难而上。1957年，咬紧牙关走出绝境的李嘉诚开始了他的一系列别具新意的"转轨"行动。

一天深夜,李嘉诚在阅读最新英文版《塑胶》杂志时,在一个不太引人注目的地方发现了一项有关意大利一家公司用塑胶原料设计制造的塑胶花即将倾销欧美市场的消息。这让李嘉诚有了开拓塑胶花生产销售的想法。李嘉诚毅然决定去意大利考察。在意大利,他以打工者和推销员等身份去就职,趁机向这些工厂学习新技术,又购置了大量在款式、色泽上各具特色的塑胶花品种带回香港,不惜重金聘请海内外塑胶专业人才,反复对塑胶花品种进行对比研究,希望能找出最受欢迎的塑胶花品种进行大规模生产。虽然在当时的香港还无人问津塑胶花产品,但经过努力以及各种促销和广告活动,李嘉诚成功地打开了香港市场,塑胶花随即成为热销产品,"长江塑胶厂"的名字也开始深入人心。李嘉诚也充分利用这段鼎盛时期,不断创新。他以高薪招聘塑胶专业人才,研制出欧美用户最感兴趣的接近天然花的喷色塑胶花、热带新奇花卉以及具有中国传统特色的特种花,积极开拓国外市场,很快就成为"塑胶花大王"。

李嘉诚时刻谨记父亲的遗言:"失意时莫灰心,得意时莫忘形。"他不断鞭策自己。李嘉诚清醒地认识到对一个即使是身处逆境,但决意抓住机会的人来说,不管遇到什么样的艰难险阻,只要有信心、决心和执着的意念,机会的大门将永远为他敞开。而他的胆识,勇于开创、果敢决策的精神都以他的勤奋和毫不懈怠的知识储备为基础。他的所有经营决策都来源于对全面、广泛的资料的占有和分析,而不是碰运气所为。这成就了今天世人眼中足智多谋的李嘉诚。

文武双全徐洪刚

英雄,是正义与勇敢的代名词。徐洪刚曾见义勇为,沥血追歹徒;曾在长江抗洪、汶川地震的前线冲锋陷阵,劳累晕倒……他不仅英勇善战,还是作家、诗人,写得一手好字,画得一手好画,不愧是文武双全的现代战士。

1993年8月17日,开往四川省筠连县的长途汽车上,突然有几个歹徒向一名女子强行勒索钱物。身为济南军区某红军团通讯连中士班长的徐洪刚也正坐这一汽车从家乡返回部队。歹徒的勒索声把正在打盹儿的徐洪刚吵醒。徐洪刚"腾"地站了起来,喊道:"住手!不准耍横!"四个歹徒先是一愣,后见他只有一个人,便像疯狗似的扑了过来。为了保护车内其他乘客的安全,徐洪刚没有立刻还手。歹徒的气焰更加嚣张,把那名女子往车窗外推。徐洪刚再也无法沉默,他冲上前,一脚狠狠地踢了一个歹徒,又一重拳打到另一个歹徒胸口上。这时,从后面又蹿出两个歹徒,一个抱住徐洪刚的腿,一个死死地卡住他的脖子。最先寻衅的歹徒掏出匕首,向徐洪刚胸口猛刺一刀。四个歹徒把他团团围住,穷凶极恶地挥刀猛刺徐洪刚的胸、背、腹……歹徒猖狂地捅了他14刀,肠子流出体外达50厘米。难以想象的是,徐洪刚忍着剧痛,用背心兜住往外流的肠子,跳下车用尽全部力气追出50多米,终因体力不支一头栽倒在路旁……

英雄救人民,人民爱英雄。当事情发生后,当地的各政府机

构、医院及广大群众纷纷行动起来。经过近 40 天的抢救、治疗、护理，濒于死亡的他奇迹般地康复了。江总书记指出："徐洪刚等人的事迹，体现了我们共产党的传统，也体现了中华民族的传统美德。"徐洪刚获得了"见义勇为青年英雄""全国新长征突击手"的称号。

徐洪刚浴血盘肠斗歹徒的壮举家喻户晓，在全国军民中引起了强烈的反响，激励人们在不道德行为面前，勇敢地站起来，大声对他们说"不"！

1998 年夏秋，长江流域发生特大洪灾。徐洪刚所在部队奉命投身到抗洪抢险战斗中。8 月 21 日凌晨 1 时，洪湖市长江边乌林镇青山段发生特大险情。累了一天的徐洪刚和战友们刚躺下，营里来电话要他带领突击队赶往险情最严重地段抢险。放下电话，徐洪刚唤醒战友，连夜冒着大雨，踏上崎岖泥泞的小道。在能见度极差的情况下，3 公里多的路程他们仅用 10 分钟就赶到了现场。守坝的乡亲们见到满身大汗、满身泥浆的战士们，感动得高呼："解放军来了，我们的子弟兵来了！"雷鸣般的掌声在堤畔久久回响。

徐洪刚立即带领战士们投入军民汇成的扛沙袋、填裂缝、堵涌的人流中。他们抓起沙袋抛上肩，奔去赶来，滑倒了，爬起来；入泥坑，跃起来。徐洪刚浑身汗泥，与灾区人民共战洪水，最后终于累倒在长江抗洪前线。后来，军事博物馆收藏了徐洪刚在抗洪灾时所穿的救生衣，上面写着徐洪刚的誓言："沧海横流，方显英雄本色！"

2008 年汶川地震时，已是济南军区某红军师秋收起义团副政委的他又出现在四川抗震救灾的第一线。原来,一听到汶川地震的消息,徐洪刚就主动请缨,到四川受灾最重的地区参加抗震救灾。5月13日凌晨4时30分,徐洪刚所在的"秋收起义团"红一营官兵投入抗震救灾前线。徐洪刚被编入第二梯队,主要负责给养供应和灾区群众的物资供应。16日晚上,徐洪刚接到一项重要的任务:带领部队向汶川县城方向行军30公里,给先遣部队送给养。第二天天还没亮,徐洪刚和战士们就背着大米和干粮,向因山体滑坡无路可走的山谷深处进发:这条路,平常只有11公里,地震把道路、桥梁、渡口统统破坏了,只有悬崖峭壁,有些地方只能靠绝壁上的单绳才能通过。在艰难险阻面前,徐洪刚激励士兵的只有一句话:"铁军面前无困难,没有铁军翻不过的火焰山。"徐洪刚带领战士们科学避险,15公里的山路在他们近9个小时的跋涉中终于结束,他们到达目的地,成功地完成了任务。

徐洪刚不仅是英雄,而且在文学、书法领域都有很高的造诣。入伍时徐洪刚只有初中文化程度,但他酷爱读书与写作。10余年里,徐洪刚在工作之余,坚持练习书法,在军内外报刊发表了散文、小说、诗歌500余篇,其中《假如雷锋活着》作为范文被收进军队中专《语文》教材。1999年3月,《徐洪刚赵小竹诗画集》出版并公开发行。2001年1月,徐洪刚诗集《生命礼赞》在北京出版。2003年,《徐洪刚散文集》出版。徐洪刚在军内外报刊发表各类作品600余篇(首)。徐洪刚的文章曾荣获全国一、二、三等奖,他还加入了中国作家协会。

从鲜花和掌声中走来的徐洪刚十分冷静地思考并告诫自己,

他在日记中写道：特定环境中的瞬间壮举只能赢得人们一时的赞誉，始终走在时代的前列才是军人的本色和要求。要保持英雄形象，就必须保持军人本色，时时刻刻以共产党员和普通战士的标准来要求自己，做好每一件事情。就这样，英雄徐洪刚保持着本色，不断创造辉煌，成了现代中国的骄傲，同时也激励着更多的中华儿女！

"中国民间防艾第一人"高耀洁

人为什么要有道德？明明说谎或者不说真相对自己有好处，为什么还要说真话？

在现实生活中面临巨大的道德困境时，我们时常会有这样的疑问。这是因为说真话、揭示真相往往需要莫大的勇气，需要在外界的反向压力下坚持正义，有时会伴随痛苦与牺牲。高耀洁正是以自己的行为告诉我们人为什么要说真话。她最早揭开河南"艾滋病村"之谜并勇敢地说出真话，上书政府部门，呼吁完善管理。年逾古稀的她在谈"艾"色变的年代不遗余力地宣传防艾知识，关爱和救助艾滋病病人与艾滋孤儿，被誉为"中国民间防艾第一人"。

高耀洁生于 1927 年，山东曹县人，毕业于河南大学医学院，是河南中医学院著名妇科肿瘤专家。1996 年 4 月 7 日，退休后的她第一次接触到艾滋病人巴某，一个中年妇女。经抽血化验，巴某的 HIV 抗体呈强阳性，也就是艾滋病，整个医院顿时陷入恐慌之中。巴某是一个老实的农村妇女，没有任何特殊嗜好，完全不是人们认为的静脉吸毒、性乱行为、嫖娼、卖淫等原因导致的艾滋病，只是因一次术后输血，她不幸感染了艾滋病病毒。42 岁的巴某带着对生的无限眷恋离开人世，死得很无辜。她的丈夫悔恨交加，后悔当初巴某做手术时，同意医生给她输血。这让高耀洁不得不重新思考和调查，周围还有没有类似巴某的病例，艾滋病的主要传播方式又是什么呢？

没过几天，她又得知一家人因艾滋病灭门绝户。这户人家以打鱼为生，无任何医学常识，更是缺乏艾滋病的知识，拿着自己的血汗钱到只为赚钱发财的"性病游医"那里任其宰割，直到只剩下最后一口人时，他们才被确诊为艾滋病。1996 年 11 月，这户人家的最后一人阿芳也死去了。高耀洁了解到，这家人的艾滋病传播是由血液传播到性传播、母婴传播。

这两家人都是因输血库的血感染了艾滋病，怎么会有这样的巧合？高耀洁预感到从血液感染艾滋病的人绝非只是他们。为了了解真相，她自费乘车或租用汽车到艾滋病疫情高发的 100 多个村庄走访，所听所见艾滋病感染者在千人以上，死亡的阴影笼罩着这些贫病

交加的"艾滋村"。高耀洁用自己的积蓄和奖金自编、自写、自印艾滋病防治宣传资料，常年奔走于艾滋病疫情高发的村庄免费发给群众。慢慢地，艾滋病病人开始信任她，并主动找到她，更多的人向她哭诉这场灾难性的"血祸"。

原来，我国艾滋病高发期是从20世纪90年代各地建单采血浆站开始。单采血浆术，是指将献浆员的血液抽出，经过离心机分离成血浆和血球两部分，红细胞输回献浆员体内，血浆用于制作生物制品。在"血浆经济"的利益驱动下，短短几年之内采血站建得比比皆是。很多医护人员并没有受过针对性的培训，只会扎针、抽血。最可怕的是他们不按规范操作。采血设备不消毒或消毒不严，一次性采血设备多次使用，一根反复使用的皮管就会造成血液之间的大量交叉感染。大部分献浆者是贫困的农民，他们对这种危险浑然不觉，或抱有侥幸心理，只知道卖血浆来钱快。而开始发现艾滋病在献浆员中蔓延，地方政府试图对医源性"血祸"进行隐瞒，禁止外来人进艾滋村了解情况、帮助艾滋孤儿，并开除了一些记者，把大批HIV感染者掩盖在人群之中。部分政府血站关闭，但由于利益巨大，大量的地下采浆站又冒出来了。农民们又转而投奔非法血浆站门下，形势更加混乱。

高耀洁揭开了"血浆经济"的惊天秘密，公布于众，告诫群众"要遵守政府法令，再穷也不能到非法血站卖血"，反而遭到一些人的责难，说她误导艾滋病传播的途径，损害了地方形象。高耀洁指出，血液传播是当时中国艾滋病传播的一条重要途径，这不能否认，更不能漠视。可是她外出讲课屡屡受到干预，去农村宣传常遭堵截或驱赶。1996年,河南省卫生厅和公安厅联合起来对一批血头、血霸进行严厉打击。公安系统强势介入后一年左右,地下血浆站被慢慢肃清。一纸纸严苛的红头文件,开始了一场场浩荡的重拳打击。

高耀洁顶着各种压力和风险,公布真相以求政府的重视和农民的觉悟。她万分痛恨那些利用人们对艾滋病的无知和恐惧乱投医的心理,诈取艾滋病患者钱财的行径。她专门写了揭露这些骗子的宣传材料,让人们了解艾滋病知识和传播途径,同时呼吁全社会关爱艾滋病病人,善待艾滋病病人。近8年,来她花费自己和老伴大半生的积蓄以及奖金捐赠50多万元,用自己的钱印制宣传资料总共100万份。

几年前的一天,她来到一个"艾滋村",见一个小男孩握着小拳头喊着"长大了我要杀他哩"。高耀洁心一惊,问他要杀谁,他说:"抽我爸爸血的那个人!"村里人介绍,这样的孩子还不少,他们都说长大了要杀"血头",给因卖血感染艾滋病死去的父母报仇,一个男孩子还在自己的手腕上刺下了"仇""杀"字样。被艾滋病夺去父母的孩子从小便在心中埋下了仇恨的种子,如果不正确引导和关爱他们,人格将会严重扭曲!高耀洁坐不住了,她找政府部门、找妇女组织为孩子争取合法权益,四处奔走找没有子女且条件好的人家收养这些孩子,并亲自为孩子检查身体,协助办理相关的合法手续。

然而,高耀洁的"防艾"之路崎岖而坎坷。她甚至因为撰写、发放披露骗子的宣传材料而被违法者告上法庭,要她赔偿"损害名誉"费。虽然法院最终判她胜诉,但高耀洁也深感揭露真相的艰辛。她关爱艾滋病孤儿,有人却说她"拐骗儿童",她还差点儿为此吃上官司；出版了《鲜为人知的故事——艾滋病、性病防治大众读本》，里面有几幅人体相关部位的插图，有人就借此指责她的书是"黄书"，甚至有人说她也是个艾滋病病人，要人们远离她和她的书。

高耀洁的亲人也不支持高耀洁，对她退避三舍。七十多岁的高耀洁病弱交加，还孤独作战，但她有着倔强的性格，认定为正义的事情，无论身处何种境况都要力求实现，总是不会说软话。一个一米五几的身躯，缠过小脚的孤独老人，虽然不被人理解，甚至不被亲人理解，但她面对流言蜚语和社会压力，自觉而自醒，坚定地守护真相。

高耀洁矢志防艾的精神受到国际推崇，有媒体称"从她身上依稀看到了德兰修女的身影"；2001 年全球卫生理事会授予她"乔纳森·曼恩健康人权奖"；2002 年美国《时代》周刊评她为"亚洲英雄"；2003 年获"亚洲的诺贝尔奖"——拉蒙·麦格赛赛公共服务奖；2004 年 2 月，高耀洁继 1999 年被评为"全国关心下一代先进个人"后，又当之无愧地荣获了中央电视台"感动中国 2003 年度人物"称号。她以渊博的知识、理性的思考、无私的热情温暖着艾滋病人，她以莫大的勇气支撑着自己弱小的身躯与不法势力相抗衡，尽自己最大的力量推动人类防治艾滋病这项繁重而意义深远的工程，不仅解救病人于水火，而且造福后世。让我们向这位勇敢、坚毅的老人致敬！

钟南山敢医敢言抗"非典"

钟南山，一个响亮的名字。面对突如其来的"非典"疫情，他冷静、无畏，以令人敬仰的学术勇气、高尚的医德和深入的科学探索精神给予了人们战胜疫情的力量。他是病人眼中可敬可信的医学专家，是学生眼中的严师，还是为百姓请缨的公共知识分子。正如他的名字"南山"所暗示的那样，他以稳重与深沉，给予灾难面前诚惶诚恐的中国人以安全感和信任；而他的精神，也像山一样，永远屹立于每个中国人心中。

钟南山是福建省厦门市人，中国共产党党员，中国工程院院士，教授，博士生导师。他 1960 年毕业于北京医学院（现北京大学医学部）并留校任教，1979 年到英国进修，2007 年获得英国爱丁堡大学荣誉博士学位，是我国著名的呼吸内科专家。

2003 年，一种人类闻所未闻的传染性肺炎肆虐广东省部分地区，即非典型肺炎。钟南山工作的广州医学院第一附属医院接收了一位从河源市送来的奇怪的肺炎病人：持续高热、干咳，经 X 光透视发现双肺部炎症呈弥漫性渗出，整个肺部显示出阴影。可怕的是使用各种抗生素均不见效果。两天后，从河源传来消息：当地医院救治过该病人的 8 名医务人员均感染发病，症状与病人相同。钟南山震惊了！他马上指示将情况报告给广州市越秀区防疫站，同时要求做好一定的防护隔离工作。钟南山临危受命，被卫生厅任命为广东省非典型肺炎医疗救护专家指导小组组长。

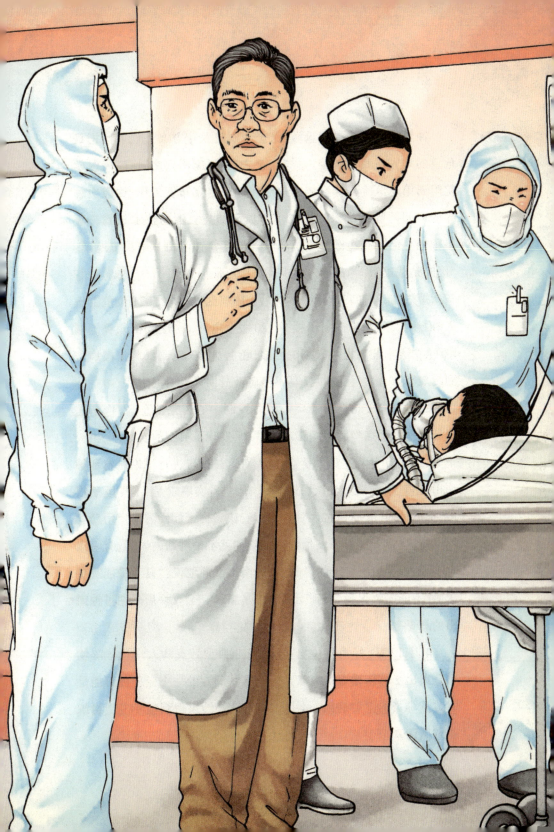

钟南山请缨收治危重病人,全力制定医疗方案。他说:"把最危重的病人往我们医院送!"除夕之夜,万家团聚之时,广州医学院附属第一医院领导们却火速赶回医院连夜布置工作,钟南山领导的广州呼吸疾病研究所成了非典型肺炎救治的技术核心与攻坚重地。面对一些医务人员的顾虑情绪,钟南山毫不犹豫地说:"医院是战场,作为战士,我们不冲上去谁上去?"

短短几天时间,广州医学院第一附属医院接收了 21 位危重病人。有一天,钟南山一下子接了 120 多个电话,手机烧坏了,嗓子喊哑了,白天前往市内两家医院会诊,晚上 9 点又赶到江门抢救病人到凌晨 4 点,第二天一早又马不停蹄地赶回来准时上班。

2 月 18 日,北京国家疾病预防控制中心传来消息,在广东送去的两例死亡病例肺组织标本切片中,发现了典型的衣原体。当天下午,广东省卫生厅召开紧急会议,对这一报告进行讨论。轮到钟南山发言了,他沉默良久,摇摇头。他坚持实事求是,不畏医学权威,勇敢地对"衣原体之说"提出质疑,认为临床症候与治疗用药均不支持这一结论。有朋友悄悄问他:"你就不怕判断失误吗?有一点点不妥,都会影响院士的声誉。"钟南山平静地说:"科学只能实事求是,不能明哲保身,否则受害的将是患者。"会议最后采纳了钟南山的意见。

4 月 12 日,好消息传出:从广东非典型肺炎病人气管分泌物中分离出 2 株新型冠状病毒,显示冠状病毒的一个变种极可能是非典型肺炎的主要病因。4 月 16 日,这一结果得到世界卫生组织正式确认。

　　为了攻克"非典"，钟南山与肖正伦、陈荣昌、黎毅敏等专家，火线创制了"无痛创通气法"给予病人呼吸支持，增加病人的氧气吸入量，争取了治疗救援的机会。凭着多年经验，钟南山使用适当剂量的皮质激素遏止病人肺部纤维化。这种用药与常规治疗完全相反，要冒相当风险；但事实证明他的判断和尝试正确，病人陆续熬过了危急关头，最后康复出院。

　　当"非典"疫情席卷中国大地时，国外一小撮别有用心的势力借机丑化中国。钟南山作为防治"非典"的权威专家，借国际性学术会议向各国的专家学者实事求是地转达中国发生的疫情和中国政府与人民所做的努力及取得的成绩。这在一定程度上打破了国外势力借"非典"事件丑化中国的"话语垄断"企图，使国际社会对中国疫情有了一个客观公正的认识。

　　"非典"已成为历史，但它熏陶出了一个勇于奉献、蓬勃向上的群体，使广州呼吸疾病研究所成为国内瞩目的学术阵地。而钟南山临危不乱、敢医敢言与负责到底的精神到今天一直激励着所有的医护人员。

"湖南张海迪"李丽

以残疾之躯完成了许多健全人都无法做到的事情，张海迪的事迹曾鼓舞和感动无数人，成为无数人学习的榜样。而在 2007 年"感动中国"十大人物的颁奖舞台上，我们又认识了另一位"张海迪"，她叫李丽。她双腿残疾，却帮无数迷途的人看到光明。李丽的脸上经常挂满了微笑，虽然一生也许只能与轮椅相伴，但她的心扉却是永远敞开着的，她的事迹和对生活的勇气深深打动着我们每一个人的心。毛致用同志曾亲切地称她为"湖南张海迪"。

她是不幸的女子。几乎与生俱来的残疾、无休无止的手术、突如其来的下岗、创业的失败、身心劳累导致的病痛、与死神擦身而过的车祸……上天似乎要用太多苦难考验李丽。

李丽从小就被小儿麻痹症所困扰，病痛导致她双腿严重受残，腰肌以下无力，两条腿像煮熟的面条，不能坐，更不能站，因而她的童年就只能在家人为她特制的轮椅上度过。直到 8 岁那年，一直认为自己像"狗"一样行动的李丽，经过一年多时间的艰苦治疗，在经历了多次手术后，终于在数块钢板的支撑下，第一次勇敢地站了起来，挪动了她人生的第一步。病痛的长年折磨也让她对自己的这一次站立倍感珍惜，对生命更是充满勇气和期待。20 岁的时候，挂着拐杖的李丽毅然走上求职之路，并获得成功——她成为一家汽车改装厂技术科的描图员。在单位，李丽以自己的坚强、聪慧与勤奋赢得了大家的认可和尊重，并先后担任团支部宣传委员、工会宣传委员等职。其间，李丽受到时任湖南省委书记毛致用的接见，并称赞她为"湖南张海迪"。29岁，也就是1991年年初，由于单位经济效益下滑，李丽下岗了。对命运不低头的她曾拄着拐杖卖过饺子，丈夫用自行车推着她到处招揽过打字业务。1993年，她借资收购了一家濒临倒闭的小加油站，日子也渐渐在艰辛的付出中有所好转。然而，成功的路上总是布满太多荆棘。2000年，李丽接管的油站倒闭，7年的心血付之东流。这次失败让李丽想到结束自己的生命，她来到黄河边准备投身浊浪，但最终还是勇敢坚强地转回身。39岁，她在逆境中再次崛起，她与一家园林公司合作，成立衡阳市高夫绿园林园艺有限公司，渐渐成了当地小有名气的女企业家。事业如日中天之际，命运再一次捉弄了她。2002年5月，李丽从郴州出差回衡阳，途中不幸遭遇车祸。出院后，她再一次坐到了轮椅上，命运又一次向她的勇气和毅力提出挑战。

她又是一位幸运的女子。李丽虽然"屡战屡败"，但坚韧的她每次跌倒都会再爬起来，坚强地走出命运的苦海；虽然身在轮椅，却依然牢牢地把握着人生的航向。当然，多舛的命途亦有贵人相伴。

一次偶然的机会，李丽接触到了教育工作，她也从此将帮教视为生命中不可或缺的一部分。她不再是那个拼命工作的女强人了，衡阳因此少了一位女企业家，中国却多了一位传播感恩和爱的使者。

2003年4月，李丽坐着轮椅去衡阳市雁南监狱洽谈业务，她自强不息的精神深深打动了监狱领导，监狱领导邀请她为服刑人员讲课。李丽讲完自己的人生故事后，全体服刑人员受到震撼，随

后纷纷通过写信与李丽进行交流。在了解到写信的服刑人员 70%
是未成年人，并且大多是由于家庭教育不当而走上歪路时，李丽决
定探寻一条科学的道路，帮助家长正确教育孩子。2005 年，李丽个
人自费 8 万多元，踏上赴北京师范大学求学之路。同年，公益性机
构"李丽家庭教育工作室"诞生，以免费和适当收费不为营利的形
式，为那些迷途少年及其家长提供帮助，尽自己最大努力去关爱那
些稚嫩的心灵。接着，她又创建了公益网站"丽爱天空"。白驹过隙，
在两年的时间里，200 多名沉迷网游的孩子在李丽工作室的帮助
下戒除了网瘾，走上了阳光的人生道
路。两年的实践为工作室积累了 200
余例有价值的辅导案例，并且
工作人员根据这些鲜活的案例
整理完成了 20 多万字的《家庭

教育辅导手记》。如今，工作室已经吸纳了240多名爱心志愿者，成功挽救了上千个走向分离的家庭。长期从事公益事业和青少年心理教育工作，先后义务深入省内外100多个学校、企业、社区、监狱等服务点，开办家庭教育和心理健康教育系列讲座，听众达10万余人次；帮助近百名厌学孩子重返校园，数十名中学生戒除网瘾，近万名学生树立自信……4年多时间里，李丽的善行使得20多万人获得心灵的洗礼。同时，她还成为很多服刑人员的"偶像"，被人们誉为"感恩天使""湖南的张海迪""中国的海伦·凯勒"等。

当然，在与坎坷命运抗争、为人生价值拼搏的风雨路上，李丽也曾脆弱过，也曾哭泣过。14岁那年，李丽想到自己不能穿漂亮的高跟鞋便哭了。妈妈说："哭就可以穿上高跟鞋了吗？"的确，眼泪是无法解决问题的。妈妈当时这句听似无情的话，成为她前进路上的座右铭。"现在想来，妈妈那句话讲得太好了，那句话告诉我：既然逃避不了现实，就要勇敢面对现实，哭没有用！"李丽说。也正是这份难得的勇敢与坚强，激励着李丽勇敢地迈出人生的每一步，闯过了人生的坎坎坷坷。

"我崇拜勇气、坚忍和信心，因为它们一直助我应付我在尘世生活中所遇到的困境。"但丁的这句名言在李丽的身上得到了深刻的诠释，正如给她颁奖词所述："残疾打不垮、贫困磨不坏、灾难撞不倒，坚强和她的生命一起成长。身体被命运抛弃，心灵却唱出强者的歌。五年时间，温暖八万个冰冷的心灵，接受、回报、延伸，她用轮椅为爱心画出最美的轨迹。"

抗"非典"英雄叶欣

2003年春天，一场突如其来的非典型肺炎肆虐广东。病毒感染性极强，顷刻间，广州口罩脱销，板蓝根脱销，对可能接触"非典"的人和区域采取了大规模的隔离，到处人心惶惶……无数的白衣战士临危受命，投入到抗击"非典"这场没有硝烟的战场中。

广东省中医院二沙分院每天都会接诊五六例非典型肺炎病例。作为该医院急诊科护士长的叶欣每天都要面对几个非典型肺炎病人。叶欣从20世纪80年代初开始任护士长，她热爱这个工作，也很敬业，工作经验丰富，医院的很多干部都是她带出来的。虽然她在医院很有建树，但从来不居功自傲，上下有口皆碑。面对巨大的工作量，叶欣没有退缩，而是周密筹划，冷静布置。

由于此前在大德路总院已有一线医护人员被传染病倒，叶欣尤其注意医护人员的安全问题。每天早上，她提前半小时到岗，给大家准备预防药物，派发到每位医生、护士、护工、清洁工手里。有些预防药物有较强的副作用，叶欣一定要亲自监督大家用开水服下。进病房前，叶欣要求同事们严格遵循各项预防措施：换工作服、鞋子、袜子；戴好口罩、帽子、眼罩；进隔离病房前要更换隔离衣；出隔离病房要洗手、漱口。叶欣从早到晚都在医院，经常半夜了还在医院忙。虽然她每天只能睡几个小时，但经常在临睡前煲一锅花旗参或者是冬虫夏草的老火靓汤，第二天带给同事们喝，增强抵抗力。

作为医护人员，叶欣比任何人都清楚与传染性极强的非典型肺炎病人不停地接触意味着什么。但是每当有疑似或者确诊病人送到科里,她和急诊科主任就身先士卒,承担起繁重的医护工作,有时甚至关起门来抢救,不让更多同事介入。护理危重病人时,叶欣总是抢在前面,经常包揽一些对危重传染病人的护理工作,尽量不让年轻的小护士沾边,以减少她们被传染的机会。她总是说:"你们还年轻,这儿危险!""我已经给病人量过体温、听过肺、吸了痰,你们就别进去了,尽量减少感染机会。"

工作中,为非典型肺炎患者排痰是最危险的。为了让患者保持呼吸通畅,必须将患者的脓血痰排出,这个时候医护人员很容易受到感染。而每当这个时候叶欣总是站出来:"这里危险,让我来。"

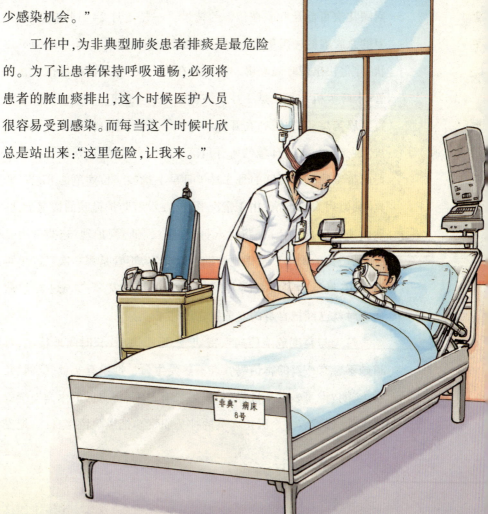

"非典"病床
8号

3月份的广州,抗击"非典"的战争已经进入白热化状态。叶欣每天只能睡几个小时。过度劳累和近距离接触传染病人,终于击倒了每天奋战在一线的叶欣。3月4日起叶欣开始发烧,表现出明显的非典型肺炎症状。3月24日,曾被叶欣冒死抢救的那例肠梗阻并发"非典"的病人康复出院。而护士长叶欣却因抢救无效,于3月25日凌晨去世,终年47岁。

没有人能确定叶欣是在哪一天感染上非典型肺炎的。同事们回顾几次可能让叶欣被传染的情景:一是2月24日抢救一位40岁的急腹症肠梗阻患者。他合并高烧、肺部阴影等非典型肺炎症状,并很快出现呼吸衰竭。叶欣冲在第一线,配合医生进行气管插管、上呼吸机。其次是2月底科里发生第一例护士感染后,叶欣一直冥思苦想,不知道到底哪个环节做得不够,才给病毒留下可乘之机。她亲自对工作环境的所有角落一一巡视并消毒,接触了大量可疑的带毒物。最可疑的是3月1日早上抢救一位病危的87岁"非典"疑似病人的事情。由于情况紧急,在没有防护措施的情况下,叶欣火速奔到病人床前,帮病人打针、吸痰、插管、护理,这些都由她亲自做,其他护士只是做她的助手。其实,不管是哪一次已经不再重要了,叶欣为了挽救病人,保护其他护士的安全,身先士卒抢救病人时就已经把自身的安危置之度外了。

每天与高度危险的病人密切地、近距离地、长时间地接触,难道她不会有一丝的害怕吗?谁不热爱生命?谁没有父母、配偶、儿女、亲朋?谁不爱这个世界?但是她没有退缩,将自己的生命安全置之度外,履行着一个医护人员的神圣职责。把风险留给自己,把安全留给他人。

被隔离期间，叶欣还处处为别人着想，为了减少同事们被感染的机会，她自己给自己补液。医生、护士接近她听肺、吸痰时，她艰难地在纸上写道："不要靠近我，会传染。"隔离治疗早期，叶欣还能打电话。她每天打电话给科里，叫大家记得吃预防药，叫和她接触过的同事注意体检，叫护士给7床的病人记录尿量、给9床的病人翻身、拍背……发病第四天，她出现了呼吸困难，和也被感染的急诊科主任一起被送进了重症监护室。院长和其他同事来探望时，她写道："我很辛苦，但我顶得住。谢谢关心，但以后不要来看我，我不想传染给大家。"3月11日，急诊科张主任收到叶护士长写的最后一张字条："我实在顶不住，要上呼吸机了。"同样呼吸困难的张主任用颤抖的手写字条回复她："叶护士长，你一定要坚持住！全院的医生护士都在支持我们！"张主任再也没有等到叶护士长的回信。

叶欣走了，走得从容而又壮烈。叶欣获得了国际护理界的最高荣誉——第39届"南丁格尔"奖。弗洛伦斯·南丁格尔说："在可怕的疾病与死亡中，我看到人性神圣英勇的升华。"叶欣把她的勇敢、她的无私、她的善良、她的温情留给了人间。人们永远不会忘记这位用生命谱写抗击"非典"之歌的白衣天使，她是我们这个时代的英雄。

中华第一飞人杨利伟

2003 年 10 月 15 日,杨利伟作为"中华飞天第一人"载着 13 亿中国人的梦想,乘坐我国自主研发的"神舟"五号载人飞船顺利升入太空并成功返回。全世界都记住了一个名字——杨利伟。然而,在航天英雄耀眼光环背后的是鲜为人知的艰苦训练和对毅力的多重考验。

杨利伟出生在海边小城辽宁绥中县。儿时的杨利伟经常望着翱翔于渤海上空的海鸥,梦想有一天,能像海鸥一样展翅飞翔。1983 年,杨利伟如愿考入空军第八飞行学院。经过四年的刻苦学习和训练,他成长为一名优秀的空军歼击机飞行员。从此,他尽情地飞翔,祖国蓝天处处留下了他矫健的英姿……

1992 年的夏天,杨利伟所在部队来到新疆某机场执行训练任务。那天,他驾驶着战鹰在吐鲁番艾丁湖上空作超低空飞行。突然一声巨响,飞机仪表显示汽缸温度骤升,发动机转速急剧下降。飞机的一个发动机不工作了!面对如此紧急的"空中停车"事故,杨利伟沉着冷静。他一边向地面报告,一边稳稳地握住操纵杆,驾驶着只剩一个发动机的战机一点点往上爬升,500 米,1000 米,1500 米,飞机终于越过天山山脉,飞到机场稳稳降落,完成了任务。

1996 年初夏,杨利伟接到通知,参加航天员体检。加入航天员队伍的条件相当苛刻,每个队员都要经过医学、体能等多个关卡,不仅要对人体的几十个大大小小的器官逐一进行医学临床检查,还要通过被称为"特检"的生理功能检查:在飞速旋转的离心机上测试受试者的各种超重耐力;在低压试验舱测试受试者的耐低氧能力;在旋转座椅和秋千上检查受试者的前庭功能。一路下来,886名初选入围者所剩无几。杨利伟就是剩下的其中一个。1998年1月,他和其他13位空军优秀飞行员一起,成为中国第一代航天员。

在北京航天员训练中心,杨利伟开始了艰苦的航天员训练生涯。首先面临的是基础理论的学习。从天文学、天体力学、空气动力学、航天医学、外语到载人航天六大系统的有关知识,涉及三十多个学科、十几个门类,比在飞行学院学习要难很多倍。杨利伟的文化基础并不算好,困难比较大,但他肯于吃苦,善于钻研。功夫不负有心人,基础理论学习结束时,杨利伟的成绩是全优。

太空是神奇而又残酷的。这里没有人类赖以生存的重力、氧气、水等要素。为了进入太空,航天员必须进行航天环境适应、任务模拟、救生与生存等专门的训练。这要在密闭狭小的飞船里反复经历超重、失重相互交替的训练。耐力是航天员的重要素质。为了增强耐力,杨利伟抓住各种机会练习长跑,结果导致骨膜炎,蹲下来都很困难。就是这样,杨利伟依然坚持不懈,最后,他的长跑成绩终于得到了"优"。

航天环境适应性训练是航天员训练中最为艰苦的。在飞船处于弹道式轨道返回地球时,超重值将达到8.5个G,即人要承受相当于自身重量近10倍的压力。通常,这会造成人呼吸障碍甚至导致呼吸停止,从而丧失意识。超重耐力训练是在离心机——一只8米多长铁臂夹着的圆筒里进行的。在时速100公里高速旋转中,要练习紧张腹肌和鼓腹呼吸等抗负荷动作,还要随时回答提问,判读信号,保持敏捷的判断反应能力。随着离心机的加速旋转,人受到的负荷也从1个G逐渐上升到8个G。杨利伟的面部肌肉开始下拉,整个脸只见高高突起的前额。做头盆方向超重训练时,血液被压向下肢,头脑缺血眩晕;做胸背方向超重时,他前胸后背像压了块千斤大鼎,呼吸困难。在他的左手旁,有一个红色的按钮,如果航天员在训练时感到不行了,就可以按按钮叫停。但是,杨利伟每次都以坚强的意志忍受着常人难以想象的煎熬,从未碰过这个按钮。

"飞船模拟器"也成了杨利伟的"家"。航天员在里面进行模拟操作程序,进行专业技术训练。经过反复的训练,杨利伟对飞船飞行程序和操作程序烂熟于心,在5次飞行程序考试中,他取得了2个99分、3个100分,专业技术综合考评排名第一。

历经磨炼,杨利伟于2003年7月,被授予三级航天员资格。在"神舟"五号飞船发射准备阶段,经专家组无记名投票,杨利伟被选入"3人首飞梯队",并被确定为航天飞行首席人选。

2003年10月15日5时28分,晨曦微露。在酒泉卫星发射中心,身着乳白色航天服的杨利伟迈着矫健的步伐,向中国载人航天工程总指挥李继耐走去。"总指挥同志,我奉命执行中国首次载人航天飞行任务,准备完毕,待命出征,请指示。中国人民解放军航天员大队航天员杨利伟。""出发!"总指挥庄重下达命令,杨利伟致以一个标准的军礼,大声回答:"是!"便迈入了飞船。这是一次英雄的出征。

在静静等待起飞那一刻,医学监视仪器显示,杨利伟的心率显

示 76 次/分钟。据国外有关资料，航天员在飞行前因为激动或紧张，心跳一般都要加快，有的甚至达到 140 次/分钟。指挥大厅里传来倒计时的口令：10、9、8、7、6……这时，杨利伟向大家敬了一个标准的军礼。全场顿时掌声雷动。

飞船上天了。座舱内的杨利伟一丝不苟、忙而不乱地做着各项规定动作。程序刚刚走到 3 分 20 秒，指挥中心大厅里传来杨利伟响亮的报告声："整流罩抛除，我看到窗外的天空了！"飞船脱离地球引力，进入了太空轨道。杨利伟突然感觉到身体似乎要飘了起来，好像要头脚倒置，十分难受。这是在太空失重状态下出现的一种错觉，如果不及时调整，就很可能诱发"空间运动病"，即出现空间定向失常、恶心、头晕等症状，会影响任务的完成。他用平时训练的方法，凭着顽强的意志对抗这种错觉，很快就调整过来，恢复了正常。

飞船以每 90 分钟绕地球一圈的速度高速飞行，仿佛给地球镶了一道美丽的金边。杨利伟赶紧拿起摄像机，拍摄下这壮观的景色，心中升腾起从未有过的强烈自豪感，他为中国人飞上太空感到无比骄傲。飞船飞行到第 7 圈时，杨利伟又在太空展示了中国国旗和联合国国旗，表达了中国人民和平利用太空，造福全人类的美好愿望。

杨利伟沉着冷静，准确操作，圆满完成了震惊世界的太空之旅，谱写了我国航天史上的崭新篇章。这是一次完美的飞行。2003 年 11 月 7 日，在庄严的人民大会堂，中共中央、国务院、中央军委授予杨利伟"航天英雄"荣誉称号，颁发"航天功勋奖章"，这是祖国对英雄的最高褒奖。

李剑英的生死 16 秒

古希腊悲剧源于人们对英雄的深刻而严肃的敬重。英雄在面对生活时总是预想着可能来临的灾祸，但又主动前进，像神一样，神圣而幸福。在我们熟知的《特洛伊战争》中，希腊联军第一英雄阿喀琉斯预知自己会战死，却坦然赴死，成就卓越人生。如果说这是古代的英雄，那么现代的英雄又是怎样的呢？

2006 年 11 月 14 日，兰州空军某部河南籍飞行员李剑英正驾驶一架歼击机执行空中巡逻任务。42 岁的李剑英已有 22 年的飞行生涯。李剑英的歼击机完成了一系列起航、出航、空域动作、返航和解散加入起落航线等规定动作，已在完成任务返回的航途中。"639(李剑英的代号)起落架好，大力臂！""639 襟翼全放！"12 时02 分许，飞行员李剑英向指挥员报告。"检查好三转弯！""着陆！"指挥员回答。飞机在逐渐下降高度，进入三转弯，加入下滑线，一切动作那么完美而娴熟。

可是谁能想到，这居然是李剑英的最后一次飞行！

12 时 04 分 09 秒，当飞机高度下降至 194 米，距离机场 2900米时，突然遭遇鸽群撞击！随着发动机"砰"的一声巨响，机身剧烈抖动，发动机叶片转速迅速下降，温度急剧上升。鸽子被吸入发动机，鸽子血和羽毛模糊了座舱盖前的防弹玻璃。鸟撞飞机是威胁航空安全的世界性难题，每年都有不少民航、军用飞机因此遭遇空中险情和空难。飞机的速度使得鸟击的破坏力达到惊人的程度，一只麻雀足以撞毁降落时的飞机发动机。一些双发、多发飞机撞鸟后，可以关闭坏的发动机，采取单发航行着陆，而李剑英驾驶的战机是单发机型，想要着陆，难度可想而知！

李剑英立刻想到当时飞机上还有 800 多升的航空油，120 余发航空炮弹，1 发火箭弹，还有易燃的氧气瓶等物品。此时，飞机高度 194 米，跳伞就能保住生命。从鸽群撞击点到飞机坠毁点 2300 米跑道延长线的两侧 680 米的范围内，分布着 7 个自然村，共有 814 户、一处高速公路收费站和一个砖瓦厂。沿下滑轨迹依次分布着 3 个村庄，共 268 户，居住着 3500 人。如果跳伞后飞机失去控制，坠入村庄，后果不堪设想。

此时此刻，发动机转速下降，温度急剧上升，战机高度平均每秒下降 11 米。时间一秒一秒地过去，险情在一步一步加重。李剑英凭着精湛的飞行技术和良好的心理素质，顽强地操纵着驾驶杆，努力把这匹不听使唤的"野马"驾驶到没有人烟的跑道延长线上，沉着地向指挥员报告。他最后一次报告："我把起落架收起来，迫降！"

起落架缓缓收起，战机急速下降，90 米……70 米……50 米，飞机机头微微上仰，着陆到飞机跑道延长线上，像箭一样向前冲，当冲至离第一接地点 39.3 米处，不巧被高出地面三米的水渠护坡阻挡，飞机撞击后爆炸解体，李剑英星陨大地，魂归长空。爆炸持续了两个多小时，爆炸现场离最近的一位群众只有 20 米的距离，但没有一名群众受到伤害。

12 时 04 分 09 秒，639："我撞鸟了，我要调整跳伞。"

12 时 04 分 15 秒，639："看迫降行的话，我把起落架收起来了。"

12时04分18秒,639:"我把起落架收起来,迫降!"

12时04分25秒,飞机解体爆炸。

这是李剑英最后三次和塔台的通话,他的声音始终沉稳,未听出任何的慌乱。从第一反应"调整跳伞"到"迫降",李剑英在生死抉择的16秒里,看到了飞机下方密集的村庄和人群。为了保护国家和人民群众的生命财产安全,他决定改跳伞为迫降,放弃跳伞求生的机会!

李剑英走了,他以天地为棺椁。李剑英为了人民群众的生命安全和财产,壮烈牺牲了自己的生命,光荣殉职于他所热爱的飞行事业。飞行是勇敢者的事业,总要面对一些不可预测的因素。他用短短16秒,诠释了什么叫勇敢无畏,什么叫真正的现代英雄!

"可乐男孩"薛枭

在灾难面前，人的身体或许是脆弱的，但人的精神，一种不屈不挠、永不放弃的精神，却是那么的充满力量，坚韧而伟岸。薛枭是四川汶川大地震中勇敢乐观面对灾难的"可乐男孩"。他在绝境中为生存而搏斗的精神深深地感动着我们每个人的心。

2008年5月12日14时28分，薛枭正在学校4楼教室里上课。这一堂是化学课，化学老师布置了一些题，班上45名同学都在埋头做题，教室里静悄悄的。快要下课了，薛枭只想抓紧把老师布置的习题做完。突然，教室剧烈地晃动起来。大家还没有反应过来，老师大声喊道："地震了，大家不要慌！"薛枭和几个同学迅速钻进桌子底下，只听轰隆隆几声巨响，几秒钟的时间，整个教室坍塌了。地震来得太快，薛枭只感觉脚下一空心里一空，人直接往下掉。几声巨响之后，四周突然变得异常安静。马上，耳边传来呜咽的哭声，可以确定大部分同学都被埋在碎砖断瓦之中了，薛枭感到一阵心烦意乱。"我是龙锐，还有谁在？"一个声音从头顶处传来，"我是李春阳""我是肖行"……十几个同学陆续报出自己的名字，熟悉的声音一下让薛枭镇定了许多，"我是薛枭！"在吼出这句话后，薛枭开始适应被困的"新环境"，他的右手被一块预制板紧压着，薛枭试着用左手去推开预制板，解救右手，但沉重的预制板纹丝不动；他的双腿也被两块水泥板挤压住，左腿处有些松动，薛枭用力挣脱掉左脚的鞋，将左腿从水泥板的缝隙中抽了出来，他感觉舒服了很多。

但他的右腿被水泥板压住,根本无法动弹,动了动右腿,钻心的疼痛从腿上传了过来。给他带来最大安慰和希望的是来自头顶上的一条缝隙,从那里透进来的一丝微光,让他感到不那么恐惧,也能够让他呼吸到外面的空气。沉静了下来之后,薛枭感到一阵口渴。被困在废墟下的同学们异常团结,一同面对生死考验,不知是哪位同学在废墟中刨出来一个塑料杯子,杯子里有水!杯子被艰难地传递着,有同学说:"每个人都只喝一小口哈,还有很多同学等着喝呢……"当杯子传到薛枭的手上时,他只喝了一小口,杯子就空了。缝隙中透进来的微光渐渐黯淡,黑夜来临。为了消除恐惧并保持清醒,埋在废墟里的同学们开始唱起了歌,定下的规矩是:一个人唱两句,下一个人接着唱。轮到薛枭时,他忘记了歌词,只好乱哼了几

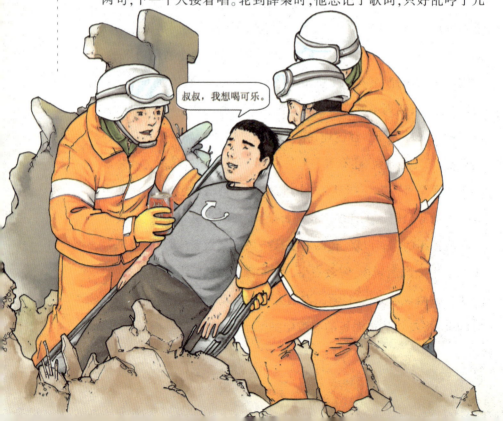

声接了下去，黑暗的废墟中，传来了断断续续的轻笑声。第一夜，歌声帮他们驱逐了恐惧。身边的同学没有让薛枭感到一丝害怕，被埋得最深的他坚信自己一定可以出去。第二天，光线再次从缝隙中透进来，同时也给他带来了新的希望。5月13日一早，大家兴奋地听到了外面的脚步声，十余个人在数了"1、2、3"后，一起大声呼救："这里有人，快来救我们。"救援人员发现了他们，救援工作正式开始。但由于灾情严重救援难度很大。13日白天，薛枭在期待中度过。由于饥渴和昨夜一夜未眠，他困倦极了。他对身边的马小凤说："我就睡两分钟，你记得叫醒我。"马小凤不同意，怕他睡过去再也醒不过来，她使劲儿喊着薛枭的名字，不让他睡，于是同学们都开始互相喊着名字，薛枭答应着，强撑着没睡。然而，在这一次报名中，有两个同学没有了回应，薛枭心里明白，他们可能永远不会再"报名"了。薛枭有些难过，但对生存的渴望让他相信自己不会死，他想，就算死了，也有那么多同学陪在旁边，没什么好怕的。5月14日，头顶上被救援队挖出一条更大一点儿的缝隙后，一根管子伸进了废墟里面，那是救援人员递进来的葡萄糖水。在废墟里困了两天的薛枭终于能够补充能量了。薛枭喝了很多，但废墟下面极其闷热，薛枭觉得葡萄糖水解不了渴，他很想喝冰镇可乐。薛枭埋在最下面，因为担心危房垮塌，救援人员不敢动用机器，救援工作进展得谨慎而缓慢。当天晚上，薛枭没有支撑住，太累了，他睡着了。5月15日白天，又有同学被救了出来。薛枭和他的同学马小凤还被困在废墟里，武警战士指着薛枭向现场的记者说："那个小伙子受伤严重一点儿。"薛枭听到后却坚持说："你们先救她。"马小凤说：

"不，先救他，他的伤势比较重。"22 时，马小凤在救援人员的搀扶下，走出了废墟。马小凤冲着他大声喊了句："坚持到底！"薛枭在激动地期待自己获救的一刻。救援人员开始接近薛枭，清理薛枭周边的杂物。由于有余震，救援人员不时退了出去。救援人员生怕他挺不过去，很心急，薛枭反过来安慰他们："叔叔，别着急，如果我能活着出来，你们就要给我买可乐喝。"全场的救援人员兴奋地满口答应："好好好！你出来就给你买。"23 时，压在薛枭身上的预制板终于被移开，经过 80 个小时的煎熬和等待，薛枭被救援人员缓缓抬出废墟。薛枭没有忘记那个约定，他说："叔叔，我要喝可乐，要冰镇的。"这一句话，逗乐了抬担架的救援人员。薛枭不知道外面正有电视直播，这一幕被中央电视台的镜头记录了，他那一句话更是通过镜头，通过网络传遍了被悲伤笼罩的整个中国，大家都为这个乐观勇敢的男孩感动。于是，他从此有了一个可爱的外号"可乐男孩"。

　　5 月 16 日薛枭被转到了华西医院。由于右手臂感染了气性坏疽，伤情严重，必须截肢。当时薛枭的家人还没有赶到医院，爱好打篮球的薛枭果断地做了决定：同意截肢，他坚强地用左手在手术书上按下了手印。6 月 27 日，薛枭在中央文明办、教育部、共青团中央、全国妇联发起的"抗震救灾优秀少年"和"抗震救灾英雄少年"评选中，被评为"抗震救灾优秀少年"。

　　薛枭用乐观、豁达感动了处于悲哀和沉痛中的中国人。这个男孩仿佛就是我们身边那个勇敢而又调皮的孩子，在死亡的威胁中，勇敢地生存了下来，用仿佛就在自己校门口一般的轻松的话语，带给了多少人宽慰和感动。而他，仅仅是一个 17 岁的少年。

消防英雄李隆

2008年5月12下午四川汶川、北川,8级强震猝然来袭,顷刻间,大地崩裂,山河移位,满目疮痍,生离死别。

一方有难,八方支援。全国上下消防官兵和志愿者奔赴四川,展开了救援工作。郑州市公安消防支队特勤大队副大队长李隆带领33名支队特勤人员和业务骨干,参加总队抗震救灾突击队统一行动,奔赴前线抗震救灾。14日抵达什邡市蓥华镇的当天,李隆和战友们在12个小时内连续从废墟中成功营救出3名被困群众。5月16日,李隆和他的队友救出了被埋压长达104个小时的李青松。李青松称,离他不远处还有一个名叫卞刚芬的女工被困,不知生死。闻听此讯,已经连续奋战40多个小时的李隆和消防队员们再次振作精神,用生命探测仪对废墟深处进行认真仔细的排查,基本确定了被困者的位置。卞刚芬被埋压得极深,情况非常复杂和危险,一时难住了李隆。卞刚芬的哥哥哭着劝李隆说:"你们已经尽力了,不能再冒险了,别把战士们的命再搭上。"

可是看到卞刚芬11岁的女儿手里紧紧攥着妈妈的相片泪流满面的样子,李隆握紧了拳头,不能!决不能放弃!哪怕只有一线希望,也要想尽办法营救!李隆带领队员爬入楼板缝隙内,在十分狭小的空间内,对阻拦在他们和卞刚芬之间的混凝土梁实施破拆。缝隙里空间太小,使不上劲儿,用不了工具,李隆就用两手抓、捧,一点儿一点儿地往外掏出碎屑。混凝土碎屑一会儿就将手套磨穿,指尖渗出的鲜血和碎屑混在一起。

10 多个小时后，救生通道终于被打通，但是压在卞刚芬身上的楼板和家具却死死卡住了她的身体。不时发生的余震使救生通道和卞刚芬身上的楼板一点点往下沉，外面到处响着警报余震的哨子声。卞刚芬哽咽着要求他离开："你们快走吧，别救我了。"李隆坚定地说："不行，要死咱俩死在一块儿，要活咱俩一起出去!"由于狭窄的洞内没有顺手的工具，情急之下的李隆大喊："刀! 刀! 给我找把切菜的刀!"靠着这把菜刀，李隆用了 1 个多小时将门板、家具一点儿一点儿地砍开。也从此，在网络上李隆有了一个"菜刀兄"的外号。

这一次艰难的营救持续了 20 多个小时! 被埋压 124 个小时的 31 岁女工卞刚芬终于获救了。因拉肚子，一天一夜没吃饭的李隆从洞中爬出即虚脱地倒在地上，这个 31 岁的汉子与同样满身是伤的另一名战友相拥喜极而泣。在抗震救灾的 10 多个日日夜夜里，李隆和战友们共挖出 57 名遇难遇险群众，其中 5 人生还。

李隆的这种精神由来已久。他是消防队的"敢死队长"，在战士们的记忆中，每次执行任务，特别是面临生死危险的任务时，李隆总是冲在最前面。从入伍至今的军旅生涯中，他参加过 3000 余次灭火救援，抢救出近 800 名遇险群众。

2003 年 6 月 12 日凌晨，一个女精神病患者爬上了一座高达 30 多米的废弃烟囱，不断往下扔砖头，围观的群众越来越多，悲剧随时都可能发生。因登高消防车无法靠近烟囱顶部作业，只能徒手爬上烟囱实施救援，但烟囱已有 50 年历史，严重老化，摇摇欲坠。"让我上!"时任郑州消防支队特勤大队一中队副中队长的李隆主动请缨，他和另一名战友躲避着女子向下猛砸的砖头，贴着烟囱壁缓缓往上爬，最终救援成功。这不是惊险电影，上千围观群众见证了这场 30 米高空烟囱顶部特殊的生死较量。

这位"敢死队长"还差点儿丢了命。2004 年 1 月 13 日下午,漯河郾城县境内一辆载有 49 吨氯气的槽车倾翻水沟,大量剧毒气体泄漏,当地数万生命受到威胁,情况万分危急。面对异常艰难的堵漏工作,李隆带领两名同志身着笨重的防化服来到了槽车跟前。槽车被浓浓的毒气笼罩着。他们一个一个地清洗寻找泄漏点,实施抢险堵漏,连续奋战 8 个小时后终于圆满完成了毒气泄漏事故的处置任务,保证了当地百姓安度春节。而李隆却因中毒,四肢、手脚都没了血色,休养了好长时间后才度过生命危险期。

2004 年 5 月 5 日,郑州市一单位冷库内部货架发生倒塌,34 名民工全部被埋压,李隆带领消防官兵赴现场救援,他用"挖井"救灾法,成功救出十几名农民工。

在 2006 年黄河兰考段某生产堤决口抢险中,1.8 万名群众被洪水围困,淹没滩地近 10 万亩。李隆作为突击队的一线指挥员,带领战友驾驶四艘冲锋舟一天往返 50 多船次,昼夜奋战,救助灾民342 人次,运送物资 12 吨。

李隆不但在危难时刻冲锋在前,更注意从关系群众切身利益的小事做起,把温暖送到群众的心坎上。在组织中队与驻地学校开展警民共建活动中,李隆听说有两位小学生因家长下岗交不起学费,马上主动承担起这两名孩子就学期间的一切学习费用。他把荣获一等功所得的 5000 元奖金全部捐给"希望工程",以救助更多的特困儿童。

李隆不仅勇于救险,还非常注意救援知识的掌握。现在,让我们一起来回顾一下他的学习与军旅经历吧。1995 年 12 月,李隆参

军了，他立志要干出成绩，新兵训练一结束就主动请缨来到管理最严、任务最重的特勤中队，并很快成为中队的骨干。2000年7月，从昆明消防指挥学校毕业后，他又坚持回特勤中队工作。在一次次的灭火抢险救援战斗中，为迅速提高业务技能水平，他先后自学了《化学灾害事故处置》等大量专业书籍，不断丰富自己的理论知识，协助编写了《消防特勤业务训练》《高空救助要则》《竖井救人要则》等业务资料，有效地解决了特勤战斗编程的操作缺失问题。除日常训练和管理工作外，他将时间都用在对装备器材的研究上。经过一年的努力，李隆成了特勤大队官兵有口皆碑的"器材通"。

入伍10余年来，李隆所获的荣誉像一颗颗璀璨的明珠，闪闪发光，夺目耀眼。他先后荣立个人一等功1次、二等功1次、三等功3次，2006年被河南省政府授予"新长征突击手""抢险救援尖兵""杰出青年卫士"荣誉称号，同年，被公安部授予"灭火救援尖兵"荣誉称号。2008年被公安部授予"抗震救灾尖兵"荣誉称号，并荣膺2008年度"中国骄傲"，被党中央、国务院、中央军委授予"全国抗震救灾模范"荣誉称号。

李隆当选2008年公安部举办的第三届"我最喜爱的十大人民警察"和"2008年感动中国年度人物"。给李隆的颁奖词是这么写的："有多少次出生入死，就有多少次不离不弃。他用希望扩展希望，用生命激活生命！"李隆正是用自己的生命创造了一个又一个生命救援的奇迹，他用忠诚和果敢书写了消防官兵的壮丽人生！

美丽警花董金凤

2010年3月5日，在人们缅怀雷锋，传承雷锋精神，树道德新风的特殊日子里，一个四川援建地震灾区的警校女大学生，用自身的英勇行为，增添了新的美丽传说。她就是舍生忘死，在车轮下勇救四名灾区儿童生命的董金凤。

1989年，董金凤出生于山东省青岛市平度市明村镇前楼村，2008年以优异成绩考入四川警察学院。2010年1月15日，这位准警花响应学院党委的号召，与第七批援助地震灾区灾后重建的同学们一起奔赴北川，投入灾区重建。董金凤被分配到北川羌族自治县公安局交警大队安昌中队工作。

北川县安昌镇红绿灯交通岗亭勤务区是北川县公安局交警大队重点勤务区域。该区域地处十字路口，日平均车流量达1.6万多台次，穿行马路的人流量日平均3万多人次，在"5·12"汶川特大地震后，这一路口成了灾后重建的交通咽喉部位。这里位置比较特殊，路面呈28度左右的坡度，时有事故发生。北川县安昌镇安昌一小就坐落在彩虹大桥旁。每天，小学生们都要经过红绿灯十字路口交通岗亭勤务区。而在安昌一小就读的孩子们都是"5·12"汶川特大地震幸存儿，为保证学生每天安全顺利地通过这个十字路口，安昌交警中队红绿灯岗亭勤务区域的民警每天执勤时，都要留出一些时间专门护送安昌一小的小学生上学、放学时穿越马路。董金凤就尽职尽责地坚守在这个岗位上。

2010 年 3 月 5 日 15 时 35 分,安昌一小的学生们放学后排着队陆续来到红绿灯十字路口。当天执勤的准警花董金凤带领他们踩着斑马线走到马路中间。突然,一辆拉着红砖的载重拖拉机制动突然失控,因为车重、坡陡,直接由着惯性向小学生队伍冲来,受到惊吓的王金梅、王雪、杨永欢、魏首发 4 个小朋友惊叫着跑出队伍,朝着来车的方向跑去。眼看惨剧即将发生,来不及考虑个人安危的董金凤一个箭步冲上前,用身体挡住了 4 名小朋友,并用手臂猛地将他们推向 1 米远的安全地带。而来不及躲闪的董金凤,左脚掌被载重的拖拉机碾压,一声撕心裂肺的尖叫后,董金凤痛苦地倒在了马路中间。与董金凤一起护送小学生过马路的警务援助队员苗雯目睹这一幕,迅速从马路对面冲到董金凤身边,将董金凤揽入怀

中。小学生们看到这一场面全都吓傻了，董金凤忍着剧痛大声对苗雯说："快，先护送他们过马路！"苗雯放下董金凤，把受到惊吓的小朋友安全送过马路，又重新回到董金凤的身边。

董金凤的身下，鲜红的血淌了一地，在场的群众无不唏嘘动容。有人帮助拨打110、120，有人协助交警疏散交通保护董金凤的安全，群众对董金凤英勇救人的壮举纷纷表示赞赏。有人说："警察太勇敢了！"有人说："我们第一次亲眼看见这样英勇的女警察！"有人甚至在人群中高喊："警察万岁！"闻讯赶来的北川公安局和四川警察学院北川警务援助队的干警们立刻组织疏通交通，协助120救护车迅速把受伤的董金凤送到北川中医院抢救。但是由于伤势严重，医生清理创口后，要求立即转送绵阳；当天傍晚，董金凤被送往绵阳市骨科医院，经过专家的二次诊断，董金凤左脚严重损伤，多处骨折脱位和皮肤软组织剥脱伤，踝关节骨折。19时10分许，这位果敢的山东女孩被推进手术室接受了手术。3位主刀医生进行了4个小时的手术，董金凤脱离了生命危险，也保住了粉碎性骨折的左脚掌。

3月18日，从北京请来的专家做了7个小时的第二轮手术；3月29日，实施第三次手术，矫正骨骼。董金凤40天内接连做了4次大手术，她的体力几乎被消耗殆尽。然而，董金凤一直乐观、坚强、自信，积极配合治疗，她希望能尽快站起来，重返岗位。躺在病床上的董金凤很羞涩："当时，没想什么，直接扑上去，就是为了救人，为了对得起自己穿的这身警服。""如果时光倒流，我还是会作出同样的选择。"躺在病床上，被鲜花包围的董金凤面对被救学生的家长如是说。

　　这个当时年仅 21 岁的姑娘也怕疼，每当换药时，她嘴里咬着纱布，疼得眼泪都快要流出来，可是 3 月 5 日那一天，当她扑向就要被车轮碾过的 4 个孩子时，她甚至忘记了自己年轻的生命。"虽然很痛，但与 4 个孩子的生命相比，我宁愿失去自己的脚。"没有过多华丽的词语，她只是以一个准警察的身份，认真地在灾区履行着人民警察的职责。警花舍己救人的无私情怀感动了绵阳社会各界群众，她的伤情牵动着无数人的心。不少群众自发来到病房，以不同方式看望和慰问董金凤。获知玉树大地震的消息后，4 月 18 日，这位心地善良、乐观坚强的姑娘通过绵阳市红十字会将社会各界为其捐助的 5000 元治疗款转捐给了青海玉树灾区。

　　党组织永远向积极进步者敞开着大门。3 月 9 日下午，四川警察学院特批董金凤火线入党，并由党委副书记、院长陈云华代表学院党委，在病房里主持了特殊而庄严的入党宣誓仪式。董金凤紧握右手，进行了庄严的宣誓。同时，学院党委作出决定，号召全院师生开展向董金凤学习的活动。教育部授予董金凤"全国见义勇为优秀大学生"的荣誉称号。

拒绝冷漠的杨艳艳

有这样一个大学生，弱小，普通，却不顾危险，拒绝冷漠，救助生死线上的女司机，让人们感受到这个世界的温暖。她的名字叫杨艳艳。

2011 年 11 月 5 日下午 1 点 30 分左右，到沈阳市沈北大学城看望同学的杨艳艳乘坐 141 路公交车返校。当公交车驶入正良站时，突然响起一片惊叫声，惊恐的乘客纷纷往车后拥来，坐在最后一排的杨艳艳看见一名男子正不停地挥刀刺向女司机，女司机的脸上和身上鲜血如注。

血腥的场面吓坏了车上 40 多名乘客，喊着让受伤的女司机打开后车门。当女司机忍着剧痛按开门按钮时，男子又在其腹部捅了一刀。车上迅速又被恐慌和血腥的气氛包围。乘客们慌乱地从后门下了车。随即，刺伤司机的歹徒也逃离现场。

杨艳艳被眼前的血腥场面吓住了，下意识地也随着人流下了车，但她又不由自主地担心起女司机的安全。杨艳艳跑到车头前，看见坐在座位上的女司机浑身是血，嘴里还不停地吐着血，手上虎口处也在淌着血。她猛然意识到司机伤情严重，已经无法自救。杨艳艳忘记了恐惧，立刻转身跑回车上。她掏出纸巾为司机止血。车下一个好心妇女拨打了 120。

此时，杨艳艳发现司机身上多处刀口大量出血，血流不止，已开始出现昏迷现象，情况非常紧急。杨艳艳担心受伤司机流血过多

来不及等 120, 便果断地扶着受伤女司机下了公交车, 立刻搭出租车送受伤女司机去离事发地最近的七三九医院。

在出租车上, 杨艳艳担心女司机由于大量失血昏迷不醒, 就一直紧紧抱着女司机, 嘴里不停地喊着:"姐, 你别睡, 姐, 你别睡……"杨艳艳此举非常明智。正是杨艳艳及时将受伤司机送到医院, 争取了抢救时间, 才挽救了司机的生命, 否则后果不堪设想。

到了七三九医院, 杨艳艳给了出租车司机 50 元车费。受伤司机家属和领导还没有赶到, 杨艳艳便扶着近乎昏迷的女司机进了医院。挂号、推车进急诊室、拍 CT、做彩超、找证件、接电

话、联系车队领导,杨艳艳跑上跑下,忙前忙后。看到女司机得到及时救助,杨艳艳才松了一口气。杨艳艳协助警察做了详细的笔录之后,一直等到受伤司机的姐姐到达医院。这时天已经快黑了,杨艳艳悄悄回了学校。

当杨艳艳回到学校后,她并没有把救助受伤女公交车司机的行为和同学们讲。同寝室同学们惊讶地发现她身上有血,一再追问,她才说出经过。室友们非常佩服她的勇敢,寝室长立即给她画了一个"奖状",内部举行了一个简单的"颁奖典礼",称她为"市民英雄",杨艳艳自豪地将这份"奖状"挂在了墙上。

11月7日上午,杨艳艳正在上课,教室外突然出现了电视台记者。他们是来寻找救助141路公交车受伤女司机的女大学生的。这时,老师和其他同学才知道近些天来沈城百姓热议的勇敢女大学生就是自己身边的同学。当问到她为什么没有将自己救人的事情告诉老师时,她笑着说:"我觉得自己只是做了一件应该做的事情,呵呵,也没啥好说的。"

2011年,杨艳艳获得了"沈阳化工大学优秀大学生""沈阳市优秀共青团员""赤峰市优秀青年""感动沈阳人物""沈阳市道德模范""学雷锋先进个人""温暖辽宁人物""正义人物"等荣誉称号。

杨艳艳说:"大家都说社会险恶,说社会黑暗,说世态炎凉,但为什么总是抱怨而不是去改变。为什么把爱深深掩埋?很多人都有做好事的心,只不过不是每个人都能付诸行动。我更希望通过大家对这件事的关注,能唤醒内心深处被埋藏的爱,换来社会上更多的温暖。我不怕时间久了大家忘记我，但我真的从心里希望，当看到他人有危险时，你能把内心的热火加一点儿虎劲，去帮助别人。"杨艳艳用自己的行动告诉我们向善的力量需要每个人的共同托举。每个人多一份勇敢和正义感，就能汇成冲淡人际冷漠的洪流，源源不断地形成向善的有生力量。

"最美妈妈"吴菊萍

2011年7月2日下午1点半,在杭州某小区里,人们惊恐地发现一个小孩子趴在小区一栋楼10楼的窗台上,两只手使劲儿地抓着栏杆,脚下已经悬空。发现的几个人开始朝孩子大喊:"孩子,别动啊,别动"……听说孩子出事,物业和保安都跑了过来。小孩随时都可能坠下来,保安焦急万分,却一时不知道怎么援救。据附近邻居说,这个小女孩只有两岁半,是1002室的住户,孩子爸爸出差去了,孩子妈妈也上班了。听说是孩子的奶奶在家带孩子,也不知道怎么回事,孩子就这么挂在了窗口。

住在1001室的潘先生家阳台与1002室卧室的窗台斜线距离约为3米。潘先生迅速找出2.5米高的梯子,伸长胳膊举着梯子试图把孩子的脚接住,可梯子太短,就在梯子刚伸到小女孩脚下的时候,坚持了一分钟左右的小女孩终于坚持不住突然掉了下去,潘先生的梯子只来得及改变小女孩的落地姿势。在场的所有人都倒吸了一口气。接下来发生的一幕把所有人给惊呆了。楼下的吴菊萍女士双眼紧盯着孩子,估摸着小女孩掉落的位置,张开双臂,在小女孩快落地的一刹那,用左手臂硬生生接住了小女孩。只听见"砰"的一声,很快,小女孩落在了楼下的草地上,吴菊萍左胳膊一阵剧痛,也昏倒了,小女孩压在了吴菊萍的左手臂上。小女孩仰面躺在草地上,头朝东,脚朝西,两人都没了声响,一时,大家都不敢说话,气氛静得可怕。过了一会儿,女孩"哇——"的一声哭了出来,在场所有人这才松了一口气。两人被迅速地送往医院。但吴菊萍的手臂已被巨大的冲击力撞成粉碎性骨折。

吴菊萍,1980 年出生,浙江嘉兴人,2000 年加入中国共产党。这一感人事迹在网络上热传,无数网民为之动容,称吴菊萍为"最美妈妈"。网友分析说,吴菊萍当时相当于徒手接了一个 300 多公斤的物体。根据物理公式,孩子砸到吴女士手臂上的瞬间速度约等于 22.36 米每秒。可是在当时无计可施的危急关头,吴菊萍顾不了这些,她本能地伸出了双臂。吴菊萍的主治医生,杭州富阳市中医骨伤医院金登峰副院长感慨道:"如果孩子偏差一点点,落在她脖子上,她可能高位截瘫;落在头上,就可能会当场死亡。"她的救援是冒着生命危险的。

吴菊萍在接受记者采访时说："出于一个母亲的本能吧，事情发生后，很多人跟我说这样做其实是很危险的，我后来想想，也挺后怕的。我觉得，作为一个母亲，有时候为了孩子，可能会作出一些令人惊讶的事情，我觉得这是很多母亲都能体会到的。因为孩子生下来就是一件很不容易的事情。我觉得这就是一种本能，是一个母亲应该做的事情。"多么质朴而无私的告白！吴菊萍托起的不仅仅是一个幼小的生命，更是托起了伟大的母爱、伟大的品格，托起了年轻党员的风采！

吴菊萍所在单位阿里巴巴为她颁发了"感动阿里奖"和20万元的奖金。浙江省妇联、杭州市妇联、杭州市总工会、杭州市见义勇为基金会分别向她授予了省、市级"三八红旗手"，"杭州市杰出职工"，"见义勇为积极分子"等荣誉称号。在第三届全国道德模范评选中，她荣获"全国见义勇为模范"称号。"感动中国"组委会给吴菊萍的颁奖词是："危险裹挟生命呼啸而来，母性的天平容不得刹那摇摆。她挺身而出，接住生命，托住了幼吾幼以及人之幼的传统美德。她并不比我们高大，但那一刻，已经让我们仰望。"

吴菊萍的英勇事迹不但感动了国人，也感动了世界：美联社，法新社，英国《每日邮报》《每日电讯报》，美国《纽约邮报》，福克斯电视台等欧美媒体都报道了她的事迹，并赞扬吴菊萍"勇敢""无私""机智""干得好"，是一个"守护天使"。

"最美女教师"张丽莉

"别哭,孩子,那是你们人生最美的一课。你们的老师,她失去了双腿,却给自己插上了翅膀;她大你们不多,却让我们学会了许多。都说人生没有彩排,可即便再面对那一刻,这也是她不变的选择。"2012年感动中国人物张丽莉的颁奖词如是说。高挑的身材、清秀的面庞、干净而又明亮的大眼睛,不到30岁的张丽莉,正是风华正茂时,正是实现人生理想时。正是她,以舍己救人的义举,谱写了壮丽的青春之歌。

5月8日晚,"丁零零……"一阵清脆的结束晚课的铃声打破了校园的宁静,成群的学生如出笼的小鸟,雀跃欢腾地冲出佳木斯第四中学的校门。这些大部分是因为校舍装修,暂时借此处上课的佳木斯第十九中学初三年级的学生。学生的打闹声和嬉笑声汇成一片,然而,谁也没有料到一场惨剧即将发生。

"看着点儿车,注意安全!"初三三班班主任张丽莉像往常一样叮嘱着,牵着身边学生的手,走出校园。有三台车在校门前排成一排,最前面是辆面包车,后两台则是大客车,负责接送学生上下学。最后面客车的司机的腿无意间碰到了变速杆,本已发动的客车瞬间蹿了出去,撞上了中间的那辆车。这时正好有几个过马路的学生走在第一辆车和第二辆车之间,眼看着就要被两台车挤在中间。

初三二十班的刘晔不禁尖叫了一声,整个人都吓傻了。在这危急时刻,正要过马路的张丽莉一个箭步冲上去,奋力推开两个学生,向后撞开两个学生。失控的大客车猛烈地撞击在中间那辆大客车的尾部,推动着客车向停在最前面的面包车挤压过去。张丽莉倒在无情的车轮之下,双腿被车轮碾过,人立刻昏死了过去。而肇事车辆由于惯性的作用,在又撞击一辆轿车之后,才停下来。

车轮从张丽莉的大腿碾压过去,路面被鲜血染红,惨不忍睹。张丽莉和其他几名受伤的学生被紧急送往医院抢救,张丽莉昏迷不醒,生命垂危。佳木斯市中心医院对张丽莉迅速进行了抢救,为了保住其生命,只好为她做了双下肢截肢手术。

手术后张丽莉仍然没有清醒,生命还处于危险期。为了让张丽莉得到更好的治疗,5 月 12 日,张丽莉被医护人员护送转院,从佳木斯市中心医院送往哈尔滨医科大学附属第一医院进行诊治。数百名市民自发为张丽莉送行,为张丽莉鼓掌高喊"张老师,加油"。当地上百辆出租车组成车队护送她出城。凌晨时分,救护车队到达哈尔滨时又有上百辆车组成的爱心车队列队迎候,集体鸣笛向她致敬!大家心里都有一个共同的愿望,希望能够把张丽莉从死亡线上拉回来。

昏迷几天后,张丽莉终于醒了过来。她能够说出话时,第一句话居然是:"那几个孩子没事吧!"看着张丽莉恢复意识,最痛苦的事情是不知该怎样开口告诉她截肢的实情!曾经的丽莉有着修长的腿,喜欢穿高跟鞋,还能健步如飞,截肢对她实在是太残酷了。得知被截肢后,张丽莉痛哭流涕过,但还是选择了坦然地面对这一切:"用我一家的不幸换四个家庭的幸福,我不后悔!"

张丽莉介绍自己的名字时,总会说:"我叫张丽莉,第一个丽

是美丽的丽，第二个莉是茉莉花的莉。"她就像清雅素净的茉莉花一般，看似柔弱却又坚强。病痛的折磨难掩她青春的面庞，有多少人为之感动、惋惜和心痛。张丽莉在医院抢救时，有许多素不相识的人在医院门口守候，治疗期间也有许多未曾谋面的人来到病房送上鲜花和祝福。"女教师车祸瞬间救学生，自己双腿遭碾压高位截肢。"张丽莉的行为感动了黑龙江全省，她的事迹通过网络和电视媒体迅速传遍华夏大地，引起群众广泛赞誉，网友们赞其为"最美女教师"。

到底是什么让张丽莉有这样的勇气，能置生死于度外？是她作为师者对学生的爱和责任。对孩子的热爱与关怀是一股强大的正能量，在人身上树起一种美好的东西。心中只装着学生的张丽莉可以在一周内记住班级所有学生的姓名、爱好等资料。学生生病，她都会给他们买药；学生进步，哪怕只是进步一名，她也会给学生买一些小礼物鼓励他们。张丽莉也常鼓励学生要坚强乐观、积极勇敢，不要因为成绩不理想而否定自己，要保持一颗美好的心。正是张丽莉对学生的爱心使她作出了如此舍生忘死的行为。

谈起张丽莉的这次壮举，学生们都并不吃惊。因为早在2009年冬天，她带领学生们去看望一位生病同学的路上，一辆失控的自行车直接向他们冲来，张丽莉硬是用身体护住了学生。当时她的裤子都被撞破了，她艰难爬起来后没顾得上自己，第一句话却是问大家"你们没事吧？"班上有一个生活特别困难的学生，张丽莉就在自己每个月微薄的工资里拿出100元私下里资助他。她用自己的行为给学生上了一堂最美的课，张丽莉真正诠释了"为人师表"的含义。

"我志愿加入中国共产党！"7月1日上午10时许，哈尔滨医科大学附属第一医院重症监护室内，因勇救学生而失去双腿的"最美女教师"在中国共产党党旗前庄严宣誓，成为一名中国共产党预备党员。

经历一次重生之后，张丽莉觉得自己对生命的感悟更深刻了。虽然今后的生活对张丽莉而言非常艰难，但她说还能感受到温暖的阳光，呼吸到新鲜的空气，感受到大家的关爱，所有的感谢与感激汇成一句话，就是活着真好！是的，生命如此脆弱，一场变故扭转了人生的轨迹；生命又如此坚强，面对生死考验，能勇敢地将生的希望留给别人。张丽莉不但传授给学生们书本上的知识，更让孩子们知道了生命的珍贵和意义。

没有了双腿，张丽莉依旧是风采迷人的最美教师！

传递"正能量"的"00后"女孩何玥

在 2012 年"感动中国"十大人物中,有一位叫何玥的 12 岁女孩。细心的人会发现,这是自此项评选开展 11 年以来,第一次有"00后"入选。她年龄不大,却身体力行地诠释了什么是"勇敢",用大爱让全社会为之动容,向全社会传递了正能量。在知道自己生命只剩下 3 个月时,何玥毅然决然说服了自己的家人,自愿捐出她的双肾和肝脏,挽救了 3 个人的生命。据桂林市红十字会的调查数据显示,在她离世后仅 10 天里,当地报名死后无偿捐献人体器官的已达 20 人,他们都是被小何玥的勇敢打动的。在"感动中国"播出之后,报名者更是数量激增,而他们正是延续着小何玥传递出的"正能量"。

小何玥出生于 2000 年,是广西桂林阳朔县金宝乡中心小学的六年级学生。2012 年,她 12 岁,在这个花蕾般的年龄,在同龄的小伙伴们高高兴兴即将踏入中学校门之时,她却被查出患有高度恶性小脑胶质瘤,随后入院动了第一次手术,术后病情得到了控制和缓解。但在 9 月初的时候,病情突然复发,她再次入院,此时肿瘤已扩散至脑部组织,医生称状况很不乐观。

在得知自己只剩下 3 个月生命的时候,何玥没有畏惧,没有胆怯,也没有哭鼻子,反而表现出一种超越年龄的坚毅和乐观。在病房里她有时会调皮地用英文跟不会英语的爸爸对话。在听医生说多走路有利于康复后,她每天都请爸爸扶着她,在走廊里走个两

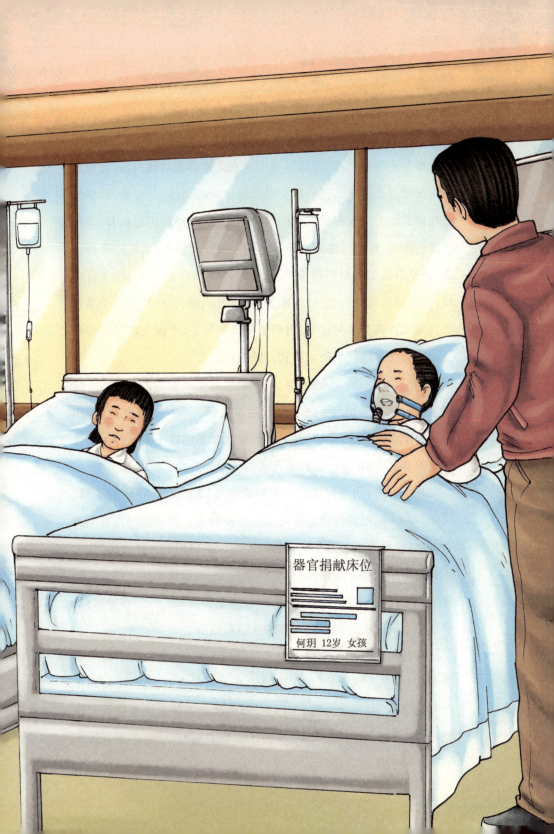

器官捐献床位

何玥 12岁 女孩

三次，而很多人可能连下床的勇气都没有。然而，这些对于小何玥来说都是小层面上的"勇敢"。更令所有人动容和敬佩的是，她勇敢地向父亲提出要将自己的器官捐献给他人的想法。一开始，包括父母在内的所有家人都反对她的这种做法。但是小何玥很执着，坚持自己的决定，爸爸考虑到这是孩子的最后一个愿望，就答应帮她达成，于是打破了农村的传统观念，开始寻找求助者。11 月 17 日凌晨，何玥病情突然恶化，被诊断为脑死亡。当晚，在桂林市红十字会器官捐献协调员的见证下，何玥的父母签署了《中国人体器官捐献登记表》，同意将何玥的双肾和肝脏捐出。

小何玥永别了亲人、老师、同学及所有关爱她的人。她的双肾和肝脏分别被移植到了两名尿毒症患者和一名肝病患者体内，小何玥的生命也得以延续。这三个家庭非常感谢这个善良的小女孩和她的家庭，现在与小何玥家人亲如一家。

其实，小何玥平时就是一个善良懂事的女孩儿，在她的老师、同学、家人眼里她作出这样的决定绝非偶然，因为她一直乐于助人，尽自己最大的努力帮助有需要的人。小何玥的父母外出打工，她和很多小伙伴一样，是典型的留守儿童。然而她比其他孩子更加懂事、节俭，学习也更加刻苦。她有很多令人钦佩的行为和举动，从平凡的小事之中就能感受到她的真情和热心。

小何玥的好朋友刘桃兰说自己最难忘的是，有一次学校组织为患有"马凡氏综合征"的阳朔中学学生刘广宏捐款，当时何玥把身上仅有的 10 元钱全捐了出去。刘桃兰知道她家的条件并不很宽裕，就问她："你捐这么多，回去还有车费吗？"小何玥回答说不要紧的，大不了走路回去。2008 年汶川地震后，看到电视里报道的受灾画面，小何玥难受不已，不仅把自己长久以来积攒的零花钱全部捐出去，还央求父母把他们一个月的工资捐给灾区。这次生病后，她也没有忘记帮助别人。学校的老师、同学来探病，送来了 2000 多元的捐款，她都要父亲把捐款捐出去给更需要的人。当时每一个在现场的人都很心疼，心疼她自己身患不治之症却还一心惦念着别人，心疼她总是替别人想得太多，心疼她年纪小小却那么勇敢，那么有大爱精神。另外，据她的班主任何老师回忆，在一次语文课上，教科书上《永生的眼睛》讲的是作者琳达的母亲、父亲和女儿先后为盲人捐献眼角膜的感人事迹。听着何老师的讲述，小何玥热泪盈眶，随即用心地在笔记本上工整地抄下了那段令她倍加感动的课文："一个人所能给予他人的最珍贵的东西莫过于自己身体的一部分……如果我们死后的身体能有助于他人恢复健康，那么我们的死就是有意义的。"当时老师很吃惊，看到了她与众不同的一面，毕竟对于一个不到 10 岁的孩子来说，能有这样的胸怀是很难得和有深度的。的确，她做到了，不仅帮助他人恢复了健康，而且将这份感动传递了下去，让更多人加入无偿捐赠器官的队伍。

为小何玥做移植手术的解放军第 181 医院医生眭维国介绍说，何玥是他接触到的年纪最小的捐赠者。此事在器官移植界也引起强烈反响，大家的关注度非常高，这对中国器官移植事业的发展起到了良好的推动作用。

"00 后"女孩小何玥用自己的无畏向世人完美地诠释了什么

是大爱,她的心愿达成了,受助者正在逐步康复,她释放出的正能量将被更多的人不断传递。

这样一朵可人的花蕾虽然还没来得及绽放就凋谢了,但它却开出了血色的精彩。对于小何玥来说,有大爱和勇敢相伴,相信她的生命之花无论在哪里都会开得更绚烂、花期更长久;对于全社会来说,现在我们都是绿叶,要时刻将小何玥的这朵花蕾托起,让她永远开在我们心中,让她开得更美,也让我们将这份"正能量"传递下去,让更多人看到她的美。

断臂钢琴师刘伟

在中国达人秀舞台上，一个来自北京的 20 岁出头的清瘦男孩空着袖管走上来，他叫刘伟。他坐到钢琴前，绚丽的灯光洒在他素黑色的礼服上，那支优美的《梦中的婚礼》响了起来，他的脚趾在黑白琴键上飞舞，微抿的嘴唇写满了坚毅。曲终，激动的观众全场起立，掌声雷动。当评委高晓松问他这一切是怎么做到的时候，刘伟淡淡地说："我觉得我的人生中只有两条路，要么赶紧死，要么精彩地活着。"刘伟用勇敢的灵魂演奏生命的音符，他的这句话成了激励怀揣梦想青年的金句。他无愧是生命的最强者！

命运给了刘伟一个美好的开始，却又过于残酷地吹响了终场哨。对刘伟来说，10 岁时的遭遇是他此生永远不想记起的回忆。刘伟家附近有一个简陋的配电室，用土砌的矮墙围着，一翻就能进去，里面有十万伏高压的电线裸露在外。当时几个伙伴玩捉迷藏，小刘伟爬上墙时，有一块砖松动了，脚底一滑，人往后一仰，被高压电瞬间击昏。强大的电流烧伤了双臂。手术进行了整整 28 个小时，小刘伟昏迷了整整 5 天。当他醒来的时候，发现自己已经彻底地失去了双臂。

10 岁少年的灿烂未来还没有展开，就变得一片灰暗，刘伟最初的绝望可想而知。他整天不语，常常在家里 14 层的阳台上向外眺望，眼神迷离，万念俱灰。但在医院做康复治疗期间，刘伟遇到了生命中的贵人。他叫刘京生，同样失去了双臂，但他能自己吃饭、刷牙、写字，不仅是著名的书画家，而且积极投身社会工作，担任北京市残联副主席。刘京生给了刘伟莫大的勇气。小刘伟重新燃起了生活的希望，觉得自己也可以和他一样，过得很好。半年以后，刘伟已经能够自己用脚刷牙、吃饭、写字。

因伤残停学两年后，刘伟回到了自己原来的班级，开始努力学

习。经过恶补和全力拼搏，刘伟硬是赶上了耽误下来的两年的课程，到了期末考试，刘伟拿到了全班前三名的好成绩。这让刘伟有了自信，任何事情只要想学，都能学得很快，做得比别人更好。

刘伟从小就有个理想，当一名职业足球运动员。刘伟出生的1987年之后的几年正是中国足球职业化的肇始。上小学三年级的时候，10岁的他已经是绿茵俱乐部二线队的队长，司职中场。可是那次灾难让他的足球梦永远都无法实现。

没胳膊怎么踢球？那就练腿，练腰，想其他办法来弥补双臂的缺憾吧！他想到了去学习游泳。但他的家人知道后，个个都不支持他。大家都不相信他能成功。可刘伟很固执，一定要学，由于他的坚持，家人最终同意他去学。12岁时，刘伟开始学习游泳，并且进入了北京残疾人游泳队。刚开始学习时，由于没有双臂很难掌握平衡，刘伟在水中难以抬头，呛了很多次水。他为了练习平衡，在自己的背部放了一块泡沫板，每天不断地刻苦练习。无数次的失败，他从不灰心，凭着惊人的毅力克服了身体不平衡的困难，学会了游泳。两年之后，也就是在2002年，他在武汉举行的全国残疾人游泳锦标赛上获得了两金一银。这之后不久，北京获得了举办奥运会的资格。刘伟满怀希望地向母亲许诺：在2008年的残奥会上拿一枚金牌回来。

然而，命运再一次捉弄了他，在为残奥会努力备战时，高强度的体能消耗导致了刘伟免疫力下降，患上了过敏性紫癜。医生告诉他母亲，高压电对刘伟身体细胞有过严重的伤害，不排除以后患上红斑狼疮或白血病的可能，他必须放弃训练，否则将危及生命。他的第二个梦想就这样破灭了。

一次又一次的打击并没有让这坚强的小伙子打退堂鼓。19岁的刘伟又有了一个大胆的想法，就是去学钢琴。他的想法遭到父母的极力反对，但他们最终还是拗不过刘伟的坚持，陪着刘伟去了几个音乐学校，结果都被拒收。父母只好借钱为刘伟买来一架钢琴。学习钢琴，对于很多正常人来说，用手练很多年都不一定会有起色，何况是用脚弹琴。刘伟学琴的困难是常人难以想象的。用脚弹琴靠腹部、腰部和腿部同时用力，一天下来，腰酸背痛，双腿抽筋是常事。但坚强是刘伟最伟大的品格，刘伟每天练琴时间超过7小时。脚指头一次次练肿了、磨破了，困难如山，但他一直苦练，逐渐摸索出了如何用脚来和琴键相处的办法，终于，他成功了。他在维也纳舞台上的演出让世界见证了奇迹。

刘伟的成功是经历了无数次失败后取得的，对于别人的指指点点，怀疑与不信任，他都能勇敢地面对，他创造了一次又一次生命的奇迹。这，就是坚毅。他无愧是生命的最强者！

自信天使廖智

清秀的面庞，有着一双漂亮的大眼睛，有人说她像张柏芝，她就是廖智，一位青春靓丽的绵竹市舞蹈老师，"5·12"地震幸存者。"勇敢者不是不害怕，勇敢者是心里害怕，但仍然会勇敢地走下去。"这是廖智对勇敢者的诠释。

2008年5月12日，本应该到海南旅行的廖智，在出发前因舍不得10个月大的女儿临时取消了行程。然而，就在当日汶川发生了百年不遇的大地震。她被压在废墟中动弹不得，10个月大的女儿虫虫和婆婆在身边相继死去，廖智感到万念俱灰。直到听到父亲不停喊着她的名字，向她爬来，她才清醒地意识到：她的生命不止属于她一个人，还属于所有爱她的人。为了他们，为了能再看一眼阳光，她必须坚持下去。终于，在被埋了26个小时之后，她得救了。她是他们楼里40多个人中唯一获救的。但由于双腿长时间受到挤压，她双膝以下被截肢。在经过短暂的挣扎之后，廖智还是选择了装上假肢。她在之后一次《我要上春晚》的表演中，道出了自己当时的心情："我当时只有两个选择：一是选择不装假肢，永远都坐轮椅，生活很不方便，没有自由，但是可以远离痛苦；一个就是承受痛苦，享受自由。我选择了享受自由！"这种勇气并不是任何人都拥有的，因为装着假肢走路要经历常人难以想象的痛的磨炼。刚换上假肢的第一天，她总共只站了一分钟就疼得受不了了。而第二天，她戴上假肢可以满病房地走，全病房里的病人都为她鼓掌。而晚上脱

下假肢时,廖智的下肢与假肢的接触面已经被磨得渗出了血……

女儿的离去和身体的痛苦使廖智曾一度迷失生活的方向,但她还是在家人和朋友的鼓励中重新站了起来。震后,廖智没有一天不想念女儿,她说虫虫喜欢看她跳舞,她要为身在天堂的女儿舞蹈。在医院的日子里,病床就是她的舞台。她扶着病床两边的扶把,硬撑着跪起来。膝盖的两个断面支撑起身体,钻心的疼痛瞬间席卷全身。她一次又一次地跪起来,一次又一次地摔倒。她咬牙坚持,不间断地练习,终于能够跪得很稳,做出简单的舞蹈动作了。那一刻,她大声地哭喊着:"我又能跳舞了,又能穿上漂亮的红舞鞋了。"所有人都为之动容。出院后回到家里,她每天扶着窗台、椅子,扶着爸爸、妈妈跳舞。她不停地舞着,虽然每次当她的"脚"接触到地面的时候,就像是在锋利的刀上行走一样。功夫不负有心人,2008 年 7 月 14 日,廖智重新站在了舞台上,在激越的音乐声中,她一袭红衣,跪在鼓上,舞出了那曲由她亲自编导的《鼓舞》,惊艳四座!

廖智重新穿上红舞鞋后,对生命有了重新的定义与认识。她说:"我希望用我独特的生命去影响更多的生命,我相信这是上天让我活下来的目的!""我要让那些残疾儿童走出肢体残疾的阴影,他们是残疾人,但并不是残废人。"她要让更多的人重新燃起对生活、对生命的希望之火。2009 年 1 月 3 日,在她参与发起的大型义演中,老百姓自发地打起了横幅"廖智,你要坚持跳下去!""四川雄起!""德阳雄起!"……

廖智身残志坚的故事不仅感动了四川千千万万个看过她舞蹈的观众,也引起了相关单位的关注。四川省司法厅的领导在研究后一致决定,聘她为禁毒防艾形象大使。她人生遭遇不幸,但却用顽强的毅力战胜了病魔,书写了人生别样的精彩,她身残志不残挑战命运的精神,是当今吸毒人员、艾滋病病毒感染者所缺少的。此后,廖智便经常穿梭于川内的女子劳教所,与她们共同分享自己的故事,帮助误入歧途的花季少女走出迷惘。"如果我能给她们一点儿激励,我愿意去做,尽全力去做。在女子劳教所,她们听了我的故事，当讲座完了以后，她们开始微笑并和我打招呼，想和我拍照。她们虽然失去自由，但当她们看到一点点希望，就很努力想抓住这点儿希望。从她们眼里我看到了憧憬和希望。"廖智觉得除了舞蹈，这同样非常有意义。

2013年4月20日，地震又一次降临廖智的家乡四川省，雅安市芦山县发生了7.0级地震。廖智得知这一消息后，立刻加入她朋友的救灾车队，奔赴抢险救灾一线，戴着假肢帮助受灾群众送粮、送衣、送发电机、搭帐篷，安排生活。

在做志愿活动的间隙，廖智写了微博。"又震了，最近都被震淡定了。昨天在龙门镇还被震得两次从石头上跳起来，刚刚又震的那一刹那猛然发现自己连动都不想动了，习惯了，腿酸了，身体疲惫也懒得动了，爱震震吧，反正这一路上帝已经恩典够多够我用了。再怎么震，我都只想说'感谢上帝'了。"

廖智以如此的淡定与坚强为我们诠释着生命的价值，宣告着勇敢的真谛。她凭着顽强的毅力，自信地飞舞着自己的梦想。